Die Autoren

Prof. Dr. habil. Alexander Wettstein ist Erziehungswissenschaftler und Psychologe. Er leitet das Forschungsprogramm »Soziale Interaktion in pädagogischen Settings« an der Pädagogischen Hochschule Bern. Seine Arbeitsschwerpunkte sind Aggression, Unterrichtsstörungen, Lehrer-Schüler-Beziehung, Lehrerselbstwirksamkeit, psychischer und physiologischer Stress im Alltag von Lehrpersonen sowie systematische Verhaltensbeobachtung.

Dr. Marion Scherzinger ist Erziehungswissenschaftlerin und Co-Leiterin des Forschungsprogramms »Soziale Interaktion in pädagogischen Settings« der PHBern. Sie arbeitet als Forscherin und als Dozentin für Pädagogische Psychologie an der Pädagogischen Hochschule Bern. In ihrer Forschung setzt sie sich mit konfliktiven Interaktionen in pädagogischen Settings, Unterrichtsstörungen, Lehrer-Schüler-Beziehung, Klassenführung, Aggression und Mobbing auseinander.

Alexander Wettstein
Marion Scherzinger

Unterrichtsstörungen verstehen und wirksam vorbeugen

Verlag W. Kohlhammer

Dieses Werk einschließlich aller seiner Teile ist urheberrechtlich geschützt. Jede Verwendung außerhalb der engen Grenzen des Urheberrechts ist ohne Zustimmung des Verlags unzulässig und strafbar. Das gilt insbesondere für Vervielfältigungen, Übersetzungen, Mikroverfilmungen und für die Einspeicherung und Verarbeitung in elektronischen Systemen.

Die Wiedergabe von Warenbezeichnungen, Handelsnamen und sonstigen Kennzeichen in diesem Buch berechtigt nicht zu der Annahme, dass diese von jedermann frei benutzt werden dürfen. Vielmehr kann es sich auch dann um eingetragene Warenzeichen oder sonstige geschützte Kennzeichen handeln, wenn sie nicht eigens als solche gekennzeichnet sind.

Es konnten nicht alle Rechtsinhaber von Abbildungen ermittelt werden. Sollte dem Verlag gegenüber der Nachweis der Rechtsinhaberschaft geführt werden, wird das branchenübliche Honorar nachträglich gezahlt.

Dieses Werk enthält Hinweise/Links zu externen Websites Dritter, auf deren Inhalt der Verlag keinen Einfluss hat und die der Haftung der jeweiligen Seitenanbieter oder -betreiber unterliegen. Zum Zeitpunkt der Verlinkung wurden die externen Websites auf mögliche Rechtsverstöße überprüft und dabei keine Rechtsverletzung festgestellt. Ohne konkrete Hinweise auf eine solche Rechtsverletzung ist eine permanente inhaltliche Kontrolle der verlinkten Seiten nicht zumutbar. Sollten jedoch Rechtsverletzungen bekannt werden, werden die betroffenen externen Links soweit möglich unverzüglich entfernt.

1. Auflage 2019

Alle Rechte vorbehalten
© W. Kohlhammer GmbH, Stuttgart
Gesamtherstellung: W. Kohlhammer GmbH, Stuttgart

Print:
ISBN 978-3-17-034761-8

E-Book-Formate:
pdf: ISBN 978-3-17-034762-5
epub: ISBN 978-3-17-034763-2
mobi: ISBN 978-3-17-034764-9

Inhalt

| 1 | Einleitung | 9 |

I Unterrichtsstörungen verstehen

| 2 | Unterrichtsstörungen | 17 |

2.1	Wie wir über Störungen sprechen beeinflusst unser Handeln	19
2.2	Unterrichtsstörungen als Störungen des Lehr-Lern-Prozesses	23
2.3	Zusammenfassung	31

| 3 | Unterrichtsstörungen aus Lehrer- und Schülersicht – eine Frage der Perspektive | 33 |

3.1	Inwiefern stimmen die Schülerinnen und Schüler mit den Lehrpersonen überein?	35
3.2	Was stört Lehrpersonen und Lernende?	37
3.3	Was sind Ursachen von Unterrichtsstörungen aus Lehrer- und Schülersicht?	38
3.4	Zusammenfassung	43

| 4 | Sozialpsychologie des Unterrichts | 44 |

| 4.1 | Der erste Eindruck | 48 |
| 4.2 | Soziale Kategorisierung | 49 |

4.3	Erwartungen	52
4.4	Lehrerselbstwirksamkeitserwartung	55
4.5	Ursachenzuschreibungen	58
4.6	Zusammenfassung	61

5	**Handeln im Unterricht**	**62**
5.1	Wie bewusst entscheiden Lehrpersonen?	63
5.2	Wie handeln Lehrpersonen bei Störungen im Unterricht?	67
5.3	Unterrichtshandeln von berufseinsteigenden Lehrpersonen	71
5.4	Zusammenfassung	74

6	**Unterrichtsstörungen als Belastung**	**76**
6.1	Belastung von Lehrpersonen	77
6.2	Auswirkung von Unterrichtsstörungen auf die Lehrergesundheit	79
6.3	Folgen für den Unterricht und die Lernenden	84
6.4	Zusammenfassung	86

7	**Psychische Bewältigung bei Unterrichtsstörungen**	**87**
7.1	Funktionale Strategien	89
7.2	Dysfunktionale Strategien	92
7.3	Zusammenfassung	98

II Unterrichtsstörungen vorbeugen

8 Diagnostische Kompetenz — 103

8.1	Störungen differenziert wahrnehmen	105
8.2	Störungen als Hinweise verstehen	107
8.3	Das eigene Verhalten in Interaktionen kritisch überdenken	109
8.4	Die Schülerperspektive einnehmen	110
8.5	Zusammenfassung	112

9 Beziehungen im Unterricht — 113

9.1	Lehrer-Schüler-Beziehung	114
9.2	Authentizität und Humor	118
9.3	Schüler-Schüler-Beziehungen	122
9.4	Die ersten Wochen sind entscheidend	126
9.5	Zusammenfassung	129

10 Klassenführung — 130

10.1	Die Klasse führen	132
10.2	Erwartungen klar machen	135
10.3	Früh und niederschwellig intervenieren	137
10.4	Unerwünschtes Verhalten unterbrechen, erwünschtes Verhalten fördern	138
10.5	Zusammenfassung	139

11 Unterricht gestalten — 141

11.1	Wenn Unterricht demotiviert	142

11.2	Vorbereitung, Neugier und Wissen	143
11.3	Lernprozesse auslösen und unterschiedliche Lernvoraussetzungen berücksichtigen	145
11.4	Klarheit, Zeitnutzung und Rhythmisierung	148
11.5	Zusammenfassung und Fazit	150

Literatur   **152**

1

Einleitung

Unterrichtsstörungen gehören zum schulischen Alltag. Die im Unterricht ablaufenden Interaktionsprozesse sind durch ihre hohe soziale Dichte, Gleichzeitigkeit, Unmittelbarkeit, Unvorhersehbarkeit, Informalität und Öffentlichkeit hoch komplex (Doyle, 1986; Herzog, 2006, S. 433 ff.). Die Idee, mit ausreichendem pädagogisch-didaktischem Wissen und Können ließe sich ein völlig störungsfreier Unterricht produzieren, ist eine Illusion. Im Unterricht bleibt oft wenig Zeit, um eine Situation differenziert wahrzunehmen, einzuschätzen und Handlungsalternativen abzuwägen. Lehrpersonen stehen im Unterricht unter Handlungsdruck und viele Dinge geschehen gleichzeitig. In Stresssituationen greifen Menschen, um schnell reagieren zu können, auf Erfahrungen und subjektive Theorien zurück. Subjektive Theorien sind einerseits durchaus hilfreich, um unmittelbar reagieren zu können. Andererseits können sie aber auch den Umgang mit Unterrichtsstörungen erschweren und dazu führen, dass ungünstig reagiert wird, womit die Probleme oft nicht gelöst, sondern eher verschärft werden. Ungünstige subjektive Theorien können z. B. sein, dass Störungen in erster Linie Schülerinnen und Schülern zugeschrieben oder diese gar als Folge genetischer, familiärer oder kultureller Einflüsse gesehen werden. Also die Ursache für Störungen den Schülerinnen und Schülern zugeschrieben wird.

Auch Lehrpersonen können den Unterricht stören, indem sie beispielsweise im Unterricht schlecht organisiert sind oder in ungünstiger Weise auf störendes Schülerverhalten reagieren. Die Frage nach der Ursache einer Unterrichtsstörung ist deshalb relevant, da sie unser Handeln und unser Selbstwirksamkeitsgefühl beeinflusst, d. h. ob man das Gefühl hat, auf die Situation Einfluss nehmen bzw. eine Situation ändern zu können oder nicht. Eine Störung kann sehr vielseitig interpretiert werden, wie z. B. als Provokation, Unter- oder Überforderung, Langeweile, schlechte Rhythmisierung, Verhaltens- oder Lernstörung, familiäre Probleme, Tagesverlauf, Zusammensetzung oder Größe der Klasse, ungenügende Unterrichtsvorbereitung etc. Auf biologisch begründete Störungen, familiäre Probleme und die Klassenzusammensetzung haben Lehrpersonen kaum einen Einfluss. Was Lehrpersonen klar beeinflussen können und in Zusammenhang mit Unterrichtsstörungen besonders relevant ist, sind eine gute pädagogische Beziehung, eine adaptive Klassenführung und die Unterrichtsplanung. Dabei stehen die pädagogische Autorität und eine gute Lehrer-Schüler-Beziehung nicht im Widerspruch zueinander. Eine klare Führung und eine gute Beziehung, welche von Respekt, Wertschätzung und Vertrauen geprägt ist, sind miteinander vereinbar und wirken störungspräventiv.

Unterrichten ist vielfältig, komplex und anspruchsvoll. Weder Lehrpersonen noch Schülerinnen und Schüler können exakt vorhersagen, wie eine bestimmte Unterrichtslektion ablaufen wird. Unvorhergesehene Unterrichtssituationen machen den Lehrberuf herausfordernd, aber auch interessant. So kann eine Unterrichtsplanung einmal fehlschlagen und dadurch im Unterricht unvorhergesehene pädagogische Gelegenheiten ermöglichen, welche die Erreichung der Lernziele trotzdem erlauben (Jackson, 1968, S. 168). Für Lehrpersonen ist es deshalb wichtig, dass sie mit Unsicherheit umgehen und adaptiv auf die jeweiligen Situationen reagieren können, d. h. in unvorhergesehenen Situationen, den Unterricht nicht einfach plangemäß durchsetzen, sondern situationsangepasst reagieren.

Weil wir im Alltag und im Unterricht oft wenig Zeit haben, unser eigenes Handeln immer wieder auch kritisch zu hinterfragen und Handlungsalternativen abzuwägen, werden in diesem Buch wissenschaftliche Befunde zum Thema Unterrichtsstörungen aus einer pädagogisch-psychologischen Perspektive vorgestellt. Wichtig ist uns, zu betonen, dass Forschung »keine stromlinienförmig umsetzbaren Handlungsanweisungen für den Unterricht [liefert], geschweige denn Rezepte, sondern […] eine Sensibilisierung des Lehrenden für wichtige Einflüsse auf das Unterrichtsgeschehen« ermöglicht (Helmke, 2007, S. 62). Ziele dieses Buches sind somit die Sensibilisierung von Lehrpersonen für das Thema, die Auseinandersetzung mit subjektiven Theorien und Handlungsmustern und zugleich soll der Austausch über den Umgang mit Störungen im Unterricht an Schulen angeregt werden. Dabei beleuchten wir Unterrichtsstörungen aus einer interaktional-verstehenden Perspektive. Die Betrachtung eines Problems aus einem anderen Blickwinkel, ermöglicht andere Interpretationen einer Situation und dies führt wiederum zu Handlungsalternativen. Damit steht nicht mehr die Frage im Zentrum: »Mit welchen disziplinarischen oder sogar strafenden Maßnahmen kriege ich den Schüler bzw. die Schülerin dazu, dass er/sie meinen Unterricht nicht mehr stört?«; sondern vielmehr: »Weshalb zeigt er/sie dieses Verhalten? In welchen sozialen Kontexten tritt es auf und wie reagiere ich als Lehrperson darauf?«. Ausgehend von einer interaktional-verstehenden Perspektive ist jedes Verhalten eingebettet in einen sozialen Kontext und hat, auch wenn es auf den ersten Blick noch so unsinnig erscheinen mag, einen bestimmten Grund. Wenn es uns gelingt, diese Gründe zu verstehen und Störungen als Mitteilungen zu verstehen, können wir eine adäquate Antwort geben.

1 Einleitung

Im ersten Teil des Buches (▶ Kap. 1 bis 7) nähern wir uns dem Thema Unterrichtsstörungen aus einer verstehenden Perspektive und zeigen auf, was Unterrichtsstörungen sind und wie Lehrpersonen damit umgehen. Im zweiten Teil (▶ Kap. 8 bis 11) widmen wir uns der Frage, wie Lehrpersonen Störungen im Unterricht wirksam vorbeugen können. Einem positiven und respektvollen Klassenklima, v. a. positiven sozialen Beziehungen, einer klaren Klassenführung und einer guten Unterrichtsgestaltung kommt dabei eine störungspräventive Funktion zu.

In Kapitel 2, Unterrichtsstörungen (▶ Kap. 2), zeichnen wir den Weg von der »Verhaltensgestörtenpädagogik«, über den »Ruf nach Disziplin« im Klassenzimmer bis hin zu einem interaktionalen Verständnis von Unterrichtsstörungen nach. Da die Art und Weise, wie über Störungen gesprochen wird, auch das professionelle Handeln bzw. den Umgang mit Unterrichtsstörungen beeinflusst.

In Kapitel 3, Störungen aus Lehrer- und Schülersicht (▶ Kap. 3), setzen wir uns mit der Frage auseinander, wie Lehrpersonen und Lernende den Unterricht, insbesondere Unterrichtsstörungen, wahrnehmen. Obwohl sie im gleichen Klassenzimmer sind und den gleichen Unterricht beurteilen, kommen sie aufgrund ihrer unterschiedlichen Rollen zu anderen Einschätzungen. Während sich bei der Beurteilung von Unterrichtsstörungen moderate Übereinstimmungen zwischen Lehrpersonen und Schülerinnen und Schülern zeigen, finden sich in der Einschätzung der Lehrer-Schüler-Beziehung und der Klassenführung kaum Übereinstimmungen. Um den Unterricht weiterzuentwickeln, sollten Lehrpersonen deshalb auch bewusst versuchen, ihren Unterricht aus Sicht der Schülerinnen und Schüler zu betrachten.

In Kapitel 4 (▶ Kap. 4) führen wir in grundlegende sozialpsychologische Prinzipien des Unterrichts ein und zeigen, was geschieht, wenn sich Lehrpersonen und Schülerinnen und Schüler im Unterricht gegenseitig wahrnehmen, wie erste Eindrücke entstehen, wie wir unser Gegenüber sozialen Kategorien zuordnen und weshalb Erwartungen an sich selbst wie auch an die Schülerinnen und Schüler so wichtig sind.

Kapitel 5 (▶ Kap. 5), Handeln im Unterricht, widmet sich dem Handeln von Lehrpersonen im Unterricht. Absichtsvolles, zielgerichtetes Handeln beansprucht Aufmerksamkeit und Zeit. Doch Lehrpersonen stehen häufig unter Zeitdruck und handeln deshalb oft unbewusst und automatisch. Dies kann zu einem ungünstigen Umgang mit Unterrichtsstörungen führen. Harte Maßregelungen mögen zwar kurzfristig Ruhe bringen, doch zu welchem Preis? Weder Repression noch Rückzug der Lehrperson können jemals sinnvolle Antworten auf störendes Schülerverhalten sein. Wir zeigen auf, wie Lehrpersonen beziehungsorientiert auf Störungen reagieren können. Schließlich diskutieren wir die Herausforderungen, welche sich beim Berufseinstieg für das Handeln der Lehrperson im Unterricht ergeben.

Kapitel 6 (▶ Kap. 6) setzt sich mit der Belastung von Lehrpersonen auseinander, da diese als eine stark belastete Berufsgruppe gelten. Rund 10 bis 35 % der Lehrkräfte leiden unter massiven Befindlichkeitsstörungen im Sinne einer Burnout-Symptomatik. Wenn Lehrpersonen durch Unterrichtsstörungen stark belastet sind, wirkt sich dies nicht nur ungünstig auf ihre Gesundheit, sondern auch auf die Qualität ihres Unterrichts, die Lehrer-Schüler-Beziehung und letztlich auch auf die Motivation und die Leistung der Schülerinnen und Schüler aus.

In Kapitel 7 (▶ Kap. 7), Psychische Bewältigung, widmen wir uns der Frage, welche psychologischen Prozesse bei Lehrpersonen ablaufen, wenn sie versuchen, belastende Ereignisse psychisch zu bewältigen. Als hilfreich erweist es sich, wenn Lehrpersonen aktiv nach Lösungen suchen und dabei auch soziale Unterstützung aus dem Kollegium in Anspruch nehmen. Wenn eine Problemsituation durch die Lehrperson kaum veränderbar ist, kann es auch hilfreich sein, der Situation mit der nötigen Gelassenheit zu begegnen und sich damit abzufinden. Wenig hilfreich ist hingegen, wenn Lehrpersonen Störungen ignorieren, sich zunehmend zurückziehen, resignieren oder aber versuchen, die ihnen entgleitende Autorität mit aggressiven Mitteln durchzusetzen.

In Kapitel 8 (▶ Kap. 8), Diagnostische Kompetenz, zeigen wir auf, dass Lehrpersonen nur dann sinnvoll auf Störungen reagieren können, wenn sie überhaupt merken, was im Unterricht abläuft. Eine Störung kann Ausdruck davon sein, dass im Unterricht etwas nicht stimmt, Kinder unter- oder überfordert sind, schwelende Konflikte in der Peergruppe ungelöst sind, oder sich die Lernenden mehr Autonomie oder Partizipation wünschen. Wenn es Lehrpersonen gelingt, Störungen als Mitteilungen zu verstehen und produktiv zu nutzen, können sie souveräner mit Unterrichtsstörungen umgehen.

In Kapitel 9 (► Kap. 9) wenden wir uns sozialen Beziehungen im Unterricht zu. Es gibt wahrscheinlich nichts, dass Unterrichtsstörungen so gut vorbeugt wie eine gute Lehrer-Schüler-Beziehung. Eine Beziehung, die authentisch ist und in der auch mal gelacht werden kann. Tragfähige Beziehungen zeichnen sich durch einen freundlichen Umgangston, wechselseitigen Respekt, Herzlichkeit und Wärme aus. Zudem können Lehrpersonen auch Einfluss auf die Beziehungen der Schülerinnen und Schüler untereinander nehmen und dafür sorgen, dass keine Kinder ausgestoßen oder geplagt werden.

In Kapitel 10 (► Kap. 10) widmen wir uns der Klassenführung. Die Kunst der Klassenführung liegt nicht darin, Probleme zu beheben, sondern diese soweit als möglich gar nicht erst entstehen zu lassen. Studien (Bennett & Smilanich, 1995) zeigen, dass Lehrpersonen, welche Störungen präventiv vorbeugen, nur 1 bis 3,5 % der Unterrichtszeit für Disziplinierung verwenden, während Lehrpersonen, die erst spät auf Störungen reagieren, 7 bis 18,5 % der Unterrichtszeit deswegen verlieren. Auf eine zwölfjährige Schulzeit hochgerechnet, ergibt dies ein Verlust an Lernzeit von rund zwei Jahren.

Schließlich wenden wir uns in Kapitel 11 (► Kap. 11) der Unterrichtsgestaltung zu. Viele Unterrichtsstörungen lassen sich durch die Gestaltung eines störungspräventiven Unterrichts vermeiden. Dabei gehen wir auf die Unterrichtsorganisation und Didaktik ein und diskutieren weiter die Bedeutung von Neugier und Leidenschaft für den Beruf.

I

Unterrichtsstörungen verstehen

»Man muss nichts im Leben fürchten, man muss nur alles verstehen.«
Marie Curie (1867–1934)

Unterrichtsstörungen treten in jeder Klasse auf. Einige Lehrpersonen erleben Unterrichtsstörungen als große Belastung. Es stellt sich deshalb die Frage, wie man mit Störungen umgeht bzw. diesen vorbeugt. Ein wichtiger Schritt besteht darin, Störungen zu verstehen, weshalb wir Unterrichtsstörungen im ersten Teil dieses Buches aus einer verstehenden Perspektive beleuchten. Dabei geht es nicht darum herauszufinden, wer die Schuld an Unterrichtsstörungen trägt. Es geht vielmehr darum zu verstehen, weshalb sich die einzelnen Interaktionsteilnehmerinnen und -teilnehmer im Unterricht auf eine bestimmte Art und Weise verhalten und weshalb sich Interaktionen auf eine ganz bestimmte Art und Weise entwickeln. Grundlage einer verstehenden Perspektive ist es, bisherige Annahmen zu Unterrichtsstörungen kritisch zu hinterfragen, im Unterricht genau hinzusehen, zu beobachten und alternative Deutungsweisen zu entwickeln. Im Folgenden diskutieren wir, inwieweit sich die Sprache, die Lehrer- oder aber Schülersicht und sozialpsychologische Prinzipien auf die Wahrnehmung und den Umgang mit Unterrichtsstörungen auswirken.

2
Unterrichtsstörungen

Unterrichtsstörungen sind Teil des schulischen Alltags. In einigen Klassen treten Unterrichtsstörungen vereinzelt auf, in anderen kommt es gehäuft zu Störungen und in wenigen Fällen ist Unterricht aufgrund der Häufigkeit und Intensität der Störungen kaum mehr möglich. Die internationale TALIS-Studie (OECD, 2014) zeigt, dass in mehr als der Hälfte der teilnehmenden Länder eine von vier Lehrpersonen angibt, über 30 % ihrer Unterrichtszeit durch Störungen im Unterricht zu verlieren, d. h. aufgrund von Störungen und administrativen Aufgaben geht wertvolle Zeit fürs Lehren und Lernen verloren. Je nachdem, in welchem Umfang und in welcher Intensität Unterrichtsstörungen auftreten, kann dies fatale Folgen für die Lehrergesundheit als auch für die kognitive, emotionale und soziale Entwicklung der Schülerinnen und Schüler haben.

Unterrichtsstörungen werden häufig mit störendem Verhalten von Schülerinnen und Schülern assoziiert und als unangemessenes Schülerverhalten wahrgenommen (Lohmann, 2011). Wenn Unterrichtsstörungen verhaltensauffälligen Schülerinnen und Schülern zugeschrieben werden (Seitz, 1991), wird die Ursache bei den störenden Schülerinnen und Schüler und weniger im unterrichtlichen Kontext gesehen. Dabei besteht die Gefahr, einzelnen Schülerinnen und Schülern Faulheit, Interessenlosigkeit oder eine verminderte Leistungsfähigkeit zu unterstellen, ohne die Anteile des Unterrichts oder der Lehrperson mitzuberücksichtigen. Eine solche individuelle Sichtweise auf Unterrichtsstörungen kann so weit gehen, dass diese durch psychische Störungen einzelner Schülerinnen und Schüler erklärt oder die Ursachen in den Persönlichkeitsstrukturen der Lernenden gesehen werden (Winkel, 2005).

Unbestritten, einige Schülerinnen und Schüler stellen eine Herausforderung dar und stören den Unterricht häufiger oder auch intensiver als andere. Es wäre jedoch eine große Vereinfachung, Störungen einseitig diesen Schülerinnen und Schülern zuzuschreiben, ohne den Unterricht und die Rolle der Lehrperson einzubeziehen. Unterrichtsstörungen sind ein interaktionales Problem und im Unterrichts- oder Klassenkontext zu sehen. Nicht einzelne Individuen und ihr Verhalten stehen dabei im Zentrum des Interesses, sondern es wird vielmehr untersucht, wie die einzelnen Akteurinnen und Akteure interagieren und in welchen sozialen und materiellen Umwelten diese Interaktionen stattfinden. Ausgehend von einer interaktionalen Sichtweise werden Unterrichtsstörungen als Störungen des Lehr-Lern-Prozesses definiert. Schließlich kann sich aus einer anfänglich isolierten Störung auch eine gestörte Interaktionsepisode entwickeln, wenn beispielsweise eine Lehrperson auf die Arbeitsverweigerung einer Schülerin mit einer Drohung reagiert, was zu einer längeren Auseinandersetzung und Unterbrechung des Lehr-Lern-Prozesses führt.

Die Begrifflichkeiten und Ursachenzuschreibungen bei Unterrichtsstörungen sind deshalb so grundlegend, weil die Art und Weise, wie wir über Störungen im Unterricht denken und sprechen, auch unser Handeln beeinflusst. Wenn wir von Verhaltensstörungen sprechen, lokalisieren wir das Problem meist bei den betroffenen Schülerinnen und Schülern. Das Kind oder gar »Problemkind« muss sich verändern. Sprechen wir hingegen von Unterrichtsstörungen, rückt nach einem interaktionistischen Verständnis sowohl das Schüler- wie auch das Lehrerverhalten bzw. die soziale Interaktion in der gesamten unterrichtlichen Situation in den Fokus. Damit verbunden stellt sich die Frage, wie der Unterricht störungspräventiv gestaltet werden kann.

Im folgenden Kapitel (▶ Kap. 2.1) werden gängige Begriffe in Zusammenhang mit Unterrichtsstörungen beleuchtet und der Einfluss der jeweiligen Wortwahl auf die Wahrnehmung und das Handeln im Unterricht kritisch diskutiert. Anschließend wird auf Störungen durch Schülerinnen und Schülern eingegangen (▶ Kap. 2.2.1) und aufgezeigt, wie auch Lehrpersonen durch ungünstiges Verhalten den Unterricht stören (▶ Kap. 2.2.2). Es folgt eine interaktionale Definition von Unterrichtsstörungen (▶ Kap. 2.2.3).

2.1 Wie wir über Störungen sprechen beeinflusst unser Handeln

Sprachlich erschaffen wir die Welt. Die Art und Weise, wie wir über Dinge sprechen, beeinflusst unsere Wahrnehmung und unser Handeln. Und dies hat wiederum große Auswirkungen darauf, wie wir uns in sozialen Interaktionen verhalten. Menschen haben in Alltagssituationen die Tendenz, das Verhalten und Handeln der Interaktionspartnerinnen und -partner personalen Eigenschaften zuzuschreiben. Wenn ein Schüler einen Mitschüler schlägt, sagen wir beispielsweise, er sei aggressiv. Als Ursache für das Verhalten werden überdauernde Persönlichkeitseigenschaften (Dispositionen) betrachtet. Der Schüler hat ein Aggressionsproblem. Solche Dispositionszuschreibungen gehen von einem statischen Menschenbild aus und sie suggerieren, dass psychische Merkmale wie »Aggression«, ähnlich wie physische Merkmale, als überdauernde Eigenschaften einer Person angesehen werden können. Zugleich kommt es zu einer Unterschätzung des Einflusses der Situation. Mit Dispositionsbegriffen werden psychische Merkmale verdinglicht, dynamische Aspekte geraten damit weitgehend aus dem Blickfeld und es geht vergessen, dass selbst als hoch aggressiv eingestufte Kinder sich nicht in jeder Situation aggressiv verhalten. Patterson und Cobb (1971) untersuchten Interaktionen bei einer ausgewählten Gruppe hochaggressiver 6- bis 12-jähriger Jungen und stellten fest, dass sich nur zwei bis drei körperlich aggressive Verhaltensweisen pro 1.000 Interaktionen zeigten. Dispositionale Zuschreibungen und Erklärungen von Verhalten und Handeln lassen die Situation wie auch interaktionale Aspekte weitgehend außer Acht. Zudem können daraus kaum Handlungsperspektiven für eine Lehrperson entwickelt werden. Zielführend wären hier viel eher Fragen nach situativen Aspekten, die Einfluss auf das individuelle Verhalten und die Interaktion nehmen. Was hat das Verhalten der Schülerin oder des Schülers ausgelöst, in welchen situativen Kontexten tritt es auf, wodurch wird es verstärkt und wie kann das Verhalten verändert werden?

Sprache beeinflusst unsere Wahrnehmung und unser Handeln. Zum einen benennen wir Dinge, die wir in unserer Umwelt vorfinden mit Hilfe der Sprache. Zum anderen schaffen wir manche Dinge erst dadurch, dass wir ihnen einen Namen geben.

> »Die Sprache sucht sich also einerseits der Welt und ihrer sich aufdrängenden Gliederung anzupassen, indem sie andererseits der Welt eine Gliederung erst gibt« (Kamlah & Lorenzen, 1996, S. 49).

Dies gilt auch dafür, wie wir über Störungen sprechen. Welche Begriffe wir wählen, hat Konsequenzen für unser Handeln. Folgende Störungsbegriffe stammen aus unterschiedlichen historischen und fachdisziplinären Kontexten.

> anpassungsgestört – aggressiv – deviant – dissozial – emotional gestört – entartet – entwicklungsauffällig – entwicklungsgehemmt – entwicklungsgestört – erziehungshilfebedürftig – erziehungsschwierig – fehlentwickelt – führungsresistent – gefühlsgestört – gemeinschaftsschädigend – gemeinschaftsschwierig – integrationsbehindert – milieugeschädigt – moralisch schwachsinnig – neurotisch – persönlichkeitsgestört – psychopathisch – schwererziehbar – sozial fehlangepasst – sozial auffällig – unangepasst – verhaltensauffällig – verhaltensbeeinträchtigt – verhaltensbehindert – verhaltensgestört – verhaltensoriginell – verhaltensproblematisch – verwahrlost – verwildert

Einige dieser Begriffe wirken heute sehr befremdend. Gemeinsam ist allen Begriffen, dass die Störung aus einer individuumszentrierten Perspektive bei der Schülerin oder dem Schüler verortet wird und teilweise überdauernde Persönlichkeitseigenschaften unterstellt werden. Heute werden vor allem die Begriffe Disziplinschwierigkeiten, Verhaltensstörung und der Begriff Unterrichtsstörung verwendet. Wir wenden uns im Folgenden diesen Begriffen zu und untersuchen, welche Annahmen ihnen zugrunde liegen.

Der Begriff *Verhaltensstörung* ist sehr breit und schließt sowohl internalisierende Störungen des Verhaltens wie z. B. soziale Ängstlichkeit als auch externalisierende Störungen des Verhaltens wie Aufmerksamkeitsdefizit-Hyperaktivitätsstörung oder Aggressivität ein (Myschker, 2018). Wenn einer Schülerin oder einem Schüler eine Verhaltensstörung zugeschrieben wird, so geschieht dies immer in einer Wechselwirkung zwischen zwei Faktoren: Auf der einen Seite steht das Verhalten der Schülerin oder des Schülers, auf der anderen Seite die Wahrnehmung der beobachtenden Person, welche vor dem Hintergrund ihrer Theorien, Norm- und Wertvorstellungen ein Verhalten als gestört oder nicht gestört einschätzt (Goetze, 2001; Speck, 1998). So spielt es also nicht nur eine Rolle, welches Verhalten die Schülerin bzw. der Schüler zeigt, sondern auch, wer dieses Verhalten beobachtet und einschätzt.

Auch der Begriff *Disziplinschwierigkeiten* verortet die Störungen auf der Schülerseite. Es sind die Schülerinnen und Schüler, welche den Unterricht stören. Hier trägt allerdings die Lehrperson eine Mitschuld, wenn ihr das Durchsetzen von Disziplin nicht gelingt. Die Aufgabe der Lehrperson ist es, Disziplin durchzusetzen, während es Aufgabe der Schülerinnen und Schüler ist, Disziplin einzuhalten. Disziplin ist folglich relational und komplementär. Historisch ist der Begriff Disziplin assoziiert mit Zwang, Gleichschritt, Selbstzucht, Drill, Gefolgschaft und Zucht. In neueren Definitionen wird darunter eine hilfreiche Ordnung verstanden, welche Lernen ermöglichen soll (Keller, 2010; Rüedi, 2007).

Unterrichtsstörungen werden sehr unterschiedlich definiert. Bei Ortner und Ortner (2000) liegt der Akzent auf bewussten Unterrichtsstörungen durch Schülerinnen und Schüler:

> »Eine konkrete oder potentielle Unterrichtsstörung umfasst alles, was dazu führt oder führen kann, den Prozess oder die Beziehungsgefüge von Unterrichtssituationen zu unterbrechen. Auf das Verhalten eines Schülers bezogen betreffen Stören des Unterrichts alle Aktionen und Reaktionen, mit denen dieser sich bewusst über schulische Normen und Regeln hinwegsetzt. Das Störverhalten richtet sich dabei gegen den Lehrer, die Mitschüler oder gegen den Unterrichtsverlauf« (Ortner & Ortner, 2000, S. 200).

Winkel (1976; 2005) definiert Unterrichtsstörungen hingegen aus einer funktionalen Perspektive und kommt damit von einer individuumszentrierten Sichtweise weg.

> »Eine Unterrichtsstörung liegt dann vor, wenn der Unterricht gestört ist, d. h. wenn das Lehren und Lernen stockt, aufhört, pervertiert, unerträglich oder inhuman wird« (Winkel, 2005, S. 29).

Hiermit stehen nicht mehr Individuen, sondern der Unterricht als Ganzes im Fokus, und zwar liegt eine Unterrichtsstörung dann vor, wenn der Lehr-Lern-Prozess bedroht ist, abbricht oder in der Perversion endet. Winkel setzt sich nicht mit möglichen Auslösern von Störungen auseinander, sondern verweist auf das gestörte Funktionieren des Unterrichts. Lohmann (2011) stützt sich auf Winkel (1976) und definiert Unterrichtsstörungen als Ereignisse,

»die den Lehr-Lernprozess beeinträchtigen, unterbrechen oder unmöglich machen, indem sie die Voraussetzungen, unter denen Lehren und Lernen erst stattfinden kann, teilweise oder ganz außer Kraft setzen« (Lohmann, 2011, S. 13).

2.2 Unterrichtsstörungen als Störungen des Lehr-Lern-Prozesses

Wir definieren Unterrichtsstörungen in Anlehnung an Winkel (2005) als eine Störung des Lehr-Lern-Prozesses. Wenn also das Lehren und Lernen stockt, aufhört, pervertiert, unerträglich oder inhuman wird. Zudem gehen wir davon aus, dass die Störung vom individuellen Verhalten einer Schülerin, eines Schülers oder auch von der Lehrperson ausgehen kann. Also ein störendes oder sogar aggressives Verhalten einer Lehrperson oder eines Schülers respektive einer Schülerin, welches in Widerspruch zum beabsichtigten Unterrichtssetting steht und den Lehr-Lern-Prozess behindert. Dieses Verhalten kann aktiv sein, indem man etwas tut, oder aber passiv, indem man etwas unterlässt. Da der Unterricht ein soziales System bildet, in dem alle Mitglieder in gegenseitiger Abhängigkeit stehen und sich wechselseitig austauschen und beeinflussen, kommt auch individuellen Störungen ein sozialer Charakter zu. Zusätzlich besteht das Risiko, dass sich aus einem vorerst individuellen Störungsbeitrag durch die Reaktion des Gegenübers eine interaktionale Störung entwickelt.

2.2.1 Unterrichtsstörungen durch Schülerinnen und Schülern

Schülerinnen und Schüler können den Unterricht in vielfältiger Weise stören. Wir unterscheiden zwischen aggressiven und nicht aggressiven Störungen. Zu den nicht aggressiven, störenden Verhaltensweisen zählen jene, die den Lehr-Lern-Prozess beeinträchtigen, allerdings nicht durch Aggression gekennzeichnet sind. Beim nicht aggressiven, störenden Verhalten der Schülerinnen und Schüler unterscheiden wir zwischen aktiven und passiven Formen. *Passive Störungen* wirken sich zwar ungünstig auf den individuellen Lernfortschritt der Schülerinnen und Schüler aus, ermöglichen es aber der Lehrperson, den Unterricht fortzusetzen. Dazu gehören beispielsweise geistige Abwesenheit, Tagträumen, nicht richtig zuhören oder sich unauffällig mit anderen Dingen beschäftigen. *Aktive Störungen* wie dazwischenreden, schwatzen, laut in die Klasse rufen, im Klassenzimmer herumlaufen oder herumblödeln beeinträchtigen den Unterricht weitaus mehr und können zu einer Unterbrechung des Unterrichtsflusses führen.

Schülerinnen und Schüler können den Unterricht jedoch auch durch aggressives Verhalten stören. Aggressives Verhalten wird in Anlehnung an Bandura (1979) als eine absichtlich ausgeführte Verhaltensweise, die zur persönlichen Schädigung oder zur Zerstörung von Eigentum führt, definiert. Wir unterscheiden direkte und indirekte Formen aggressiven Verhaltens (Björkqvist, Lagerspetz & Kaukiainen, 1992; Wettstein, 2008). Direkte Formen sind für alle Beteiligten offensichtlich als solche erkennbar, wie beispielsweise wenn das Gegenüber beschimpft, beleidigt, geschlagen oder bloßgestellt wird. Bei indirekten, verdeckten Formen wird versucht, dem Gegenüber über verdeckte Handlungen zu schaden, indem beispielsweise Gegenstände versteckt oder falsche Gerüchte verbreitet werden. Indirekte aggressive Verhaltensweisen werden von Lehrpersonen weniger gut erkannt, weniger sanktioniert und sind somit für Schülerinnen und Schüler ein sehr effektives Mittel zur Zielerreichung (Wettstein, Brendgen, Vitaro et al., 2013).

2.2.2 Unterrichtsstörungen durch Lehrpersonen

Auch Lehrpersonen können durch ihr Verhalten den Unterricht stören. Dies geschieht in vielen Fällen unbeabsichtigt. Da Unterrichten sehr anspruchsvoll ist, kann es relativ schnell zu ungewollten

Störungen des Lehr-Lern-Prozesses kommen, indem beispielsweise das Material nicht bereitliegt, Schülerinnen und Schüler in konzentrierten Arbeitsphasen unterbrochen werden oder mit einer ungünstigen Reaktion auf störendes Schülerinnen- und Schülerverhalten zu einer Ausweitung oder gar Eskalation der Störung beigetragen wird. Die nicht aggressiven störenden Verhaltensweisen vonseiten der Lehrpersonen betreffen u. a. folgende Punkte:

- Unterrichtsvorbereitung und Pünktlichkeit: Ist die Lehrperson gut vorbereitet? Ist der Unterricht ausreichend strukturiert und rhythmisiert? Der Unterrichtsvorbereitung kommt eine wichtige störungspräventive Funktion zu. Wird der Unterricht gar nicht oder unzureichend vorbereitet, erscheint die Lehrperson unpünktlich zum Unterricht, verfügt sie nur über mangelnde Fachkenntnisse oder fehlen im Unterricht Struktur und Routine, wirkt sich dies auf das Ausmaß der Störungen im Unterricht aus.
- Gehalt des Unterrichts: Wie anregend ist der Unterricht? Ist die Stunde interessant oder langweilig? Unzureichende Erklärungen, Lehrpersonen, die zu lange und zu monoton sprechen oder unklare Arbeitsanweisungen erteilen, beeinträchtigen die Motivation der Schülerinnen und Schüler. Ein Unterricht, welcher durch fehlende Abwechslung, fehlende intellektuelle Herausforderung und fehlende (Ziel-)Transparenz gekennzeichnet ist, lässt für Schülerinnen und Schüler die Zeit gleichsam stillstehen. Lehrpersonen, die Schülerinnen und Schülern nichts zutrauen, sie nicht aktivieren oder sie in konzentrierten Arbeitsphasen immer wieder unterbrechen, beeinträchtigen den Unterricht respektive das Lernen der Schülerinnen und Schüler.
- Überblick und Regeln: Kriegt die Lehrperson mit, was in der Klasse läuft? Achtet sie auf die Vorgänge in der Klasse? Hat sie den Überblick über das Geschehen in der Klasse? Schützt sie schwächere Schülerinnen und Schüler vor Übergriffen durch ihre Mitschülerinnen und Mitschüler? Geht die Lehrperson auf Fragen ein oder ist sie nur noch physisch präsent? Regeln strukturieren soziale Situationen vor und geben Orientierung. Ein guter Überblick über

das Klassengeschehen hilft Lehrpersonen, mögliche Störungen vorwegzunehmen, vorzubeugen und früh zu intervenieren.
- Umgang mit Schülerinnen und Schülern: Wie geht die Lehrperson auf die Lernenden ein? Ist die Lehrperson ungeduldig, missmutig, uninteressiert? Provoziert, bevorzugt oder benachteiligt sie bestimmte Schülerinnen und Schüler? Zeigt sie den Schülerinnen und Schülern gegenüber Wertschätzung? Ist sie bereit, beim Unterrichten auch einen Erziehungsauftrag wahrzunehmen? Setzt sie sich wo nötig auch mal durch? Ist sie in der Lage, eigene Anteile an Störungen und Konflikten kritisch zu reflektieren (vgl. auch Rattay, Schneider, Wensing & Wilkes, 2013)? Eine gute Lehrer-Schüler-Beziehung beugt Störungen im Unterricht vor und wirkt sich positiv auf das Wohlbefinden der Schülerinnen und Schüler wie auch der Lehrperson aus.
- Umgang mit Unterrichtsstörungen: Wie reagiert die Lehrperson auf Störungen im Unterricht? Verhält sich die Lehrperson inkonsequent, (re)agiert willkürlich und lässt zu viel durchgehen? Wenn die Lehrperson früh, niederschwellig, mit Präsenz und konsequent auf Störungen im Unterricht reagiert, können Strafen weitgehend vermieden werden.

Leider verhalten sich vereinzelte Lehrpersonen auch aggressiv gegenüber Schülerinnen und Schülern, indem sie diese herabsetzen oder bloßstellen. Wenn eine Lehrperson das Gefühl hat, dass ihr die Autorität entgleitet, besteht vielleicht die Versuchung, die Autorität durch aggressives Verhalten zu sichern. Ein fataler Fehler, da sie damit den letzten Rest ihrer Autorität verliert. Während aggressives Schülerinnen- und Schülerverhalten breit erforscht ist, liegen zu aggressivem Verhalten von Lehrpersonen bisher kaum Befunde vor. So weisen Krumm und Weiß (2000) auf die einseitige Forschung bezüglich Gewalt an Schulen hin und erfragten deshalb bei 10.000 Schülerinnen und Schülern individuell wahrgenommene Kränkungen durch die Lehrperson. 17 % der befragten Schülerinnen und Schüler gaben an, in den letzten vier Wochen von Lehrpersonen gekränkt, geärgert oder ungerecht behandelt worden zu sein. Dabei gilt es allerdings zu beachten, dass nicht tatsächliches Verhalten, sondern subjektives Erleben erhoben wurde und mit den Fragen nicht nur Aggression, sondern auch ungerechtes Verhalten erfasst wurde. Umfangreiche Videostudien in Regelklassen und in sonderpädagogischen Settings (Wettstein, 2008; 2010; Wettstein, Scherzinger, Meier & Altorfer, 2013) zeigen, dass aggressives Lehrerverhalten an den untersuchten Klassen auch in sehr schwierigen Unterrichtssituationen nur sehr selten auftritt.

2.2.3 Unterrichtsstörungen aus interaktionaler Perspektive

Wir haben bisher gesehen, dass sowohl Schülerinnen und Schüler wie auch Lehrpersonen durch ihr Verhalten zu Störungen im Unterricht beitragen können. Doch oft ist weniger entscheidend, was eine einzelne Lehrperson oder die einzelne Schülerin oder Schüler tun, sondern vielmehr, wie beide Interaktionspartnerinnen und -partner interagieren bzw. aufeinander reagieren (Wettstein, 2012). Nehmen wir an, ein Schüler verweigert die Mathematikaufgaben mit den Worten: »*Nein, Mathe mache ich nicht. Sie haben mir nichts zu befehlen.*« Interpretiert die Lehrperson die Verweigerung als Angriff auf ihre Autorität, wird sie den Schüler bestrafen und die Situation könnte eskalieren. Interpretiert die Lehrperson die Verweigerung als Zeichen der Überforderung, wird sie versuchen, den Schüler bei den Mathematikaufgaben zu unterstützen. Zahlreiche Studien zeigen, dass Störungen nicht ein Problem einzelner Individuen sind, sondern die entscheidende Frage ist vielmehr, wie die Interaktionspartnerinnen und -partner aufeinander reagieren (Eccles et al., 1991; Hollenstein & Lewis, 2006; Krappmann & Oswald, 1995; Nickel, 1976; Patterson, 1982). Interaktionale Ansätze gehen nicht von einem unidirektionalen Einfluss der Lehrperson auf die Schülerinnen und Schüler aus, sondern untersuchen die im Unterricht auftretenden Wechselwirkungen.

Nach diesen Auffassungen ist »guter Unterricht« in erster Linie eine Frage gelungener Passung zwischen den individuellen Lernvoraussetzungen der Schülerinnen und Schülern und dem Unterrichtsangebot der Lehrperson. Eine Studie, die das Prinzip der Passung sehr anschaulich verdeutlicht, ist die Michigan Study of Adolescent Life Transitions. Eccles und ihre Mitarbeiterinnen und Mitarbeiter (1991) untersuchten die Wechselwirkung zwischen dem Entwicklungsstand frühadoleszenter Schülerinnen und Schüler, dem kognitiven Anforderungsniveau des Unterrichts und durch die Lehrperson zugestandene Selbstbestimmung und Autonomie. Sie stellten fest, dass Lehrpersonen dem verstärkten Autonomiebedürfnis der Jugendlichen beim Übertritt in die Junior Highschool mit stärkerer Kontrolle und Disziplinierung begegneten und Partizipationsmöglichkeiten einschränkten. Zudem rückte die Bedeutung der persönlichen Lehrer-Schüler-Beziehung in den Hintergrund; Lehrpersonen wurden als weniger freundlich und unterstützend wahrgenommen. An Stelle einer auf den Lernfortschritt der einzelnen Schülerinnen und Schüler ausgerichteten Beurteilung traten zunehmend sozialnormative Beurteilungskriterien. Die Dauer des Frontalunterrichts nahm zu, individualisierende Unterrichtsformen rückten in den Hintergrund. Es wäre zu erwarten, dass die Jugendlichen in der formaloperationalen Phase mit höheren kognitiven Herausforderungen konfrontiert würden. Tatsächlich nahm aber der Anteil der low-level Schüleraktivitäten zu. Es kam zu einer Fehlpassung zwischen dem verstärkten Autonomieanspruch der Jugendlichen und der regressiven sozialen Umwelt. Die Lehrpersonen dieser Schulstufe schätzten ihre Unterrichtseffizienz als gering ein und erwarteten wenig. Die Motivation und die Leistung der Schülerinnen und Schüler sanken.

Für das Gelingen eines guten Unterrichts fühlt man sich als Lehrperson oft alleine verantwortlich. Ob Unterricht gelingt, ist jedoch nicht nur vom Unterrichtsangebot der Lehrperson abhängig, sondern auch davon, inwieweit sich die Schülerinnen und Schüler auf dieses Angebot einlassen und es nutzen. Im Angebots-Nutzungsmodell von Fend (1998; 2008) wird Unterricht als wechselseitiges soziales Geschehen konzipiert, an dem Lehrpersonen und Lernende gleichermaßen beteiligt sind. Die Lehrperson macht ein Unterrichtsangebot, welches von den Lernenden genutzt werden kann. Unterricht stellt schließlich eine kollektive Leistung von Lehrperson und Lernenden dar und ist als Angebot auf ein Mindestmaß an Verpflichtung seitens der Lernenden angewiesen. Das Modell betont den Wahrscheinlichkeitscharakter unterrichtlicher Wirkungen, was die Lehrperson zumindest teilweise von der alleinigen Verantwortung für den Lernerfolg ihrer Schülerinnen und Schüler entlastet. Lehrpersonen können nicht direkt auf die Schülerinnen und Schüler einwirken, sondern sie bestenfalls erschüttern (Luhmann, 1984). Damit rücken Vermittlungsprozesse zwischen Angebot und Nutzung in den Vordergrund.

In Abbildung 1 ist exemplarisch eine gestörte Unterrichtslektion dargestellt. Eine Unterrichtslektion kann wie ein Musikstück als Partitur veranschaulicht werden, die auf der horizontalen Achse die Minuten einer abgebildeten Lektion und auf der Vertikale das Verhalten der Interaktionsteilnehmerinnen und -teilnehmer abbildet. Auf den ersten Zeilen der Partitur ist das methodisch-didaktische Setting abgebildet. Hier unterscheiden wir in der vorliegenden Partitur die Phasen ›Abwesenheit der Lehrperson (obwohl eigentlich Unterricht stattfinden sollte)‹, ›Wechselphase, in der von einer Unterrichtsform zur nächsten übergegangen wird‹, ›Frontalunterricht‹ sowie ›individualisierender Unterricht‹. Nebst dem methodisch-didaktischen Setting und der Frequenz des aggressiven Verhaltens in der Klasse werden die verbalen Äußerungen der Lehrperson untersucht. Es wird also analysiert, ob sie inhaltsbezogen über den Lernstoff spricht (»Kolumbus hat Amerika 1492 entdeckt«), ob sie mittels Steuerungsmonologen versucht, die Kontrolle über das Klassengeschehen zu erlangen (»Wenn ihr noch einmal schwatzt, kriegt ihr einen Strich«) oder ob sie gar nicht spricht.

Bei den Schülerinnen und Schülern wird untersucht, ob sie arbeiten (on task) oder nicht (off task). Beim Off-task-Verhalten wird zwischen passiven und aktiven Formen unterschieden. Passive Formen wie träumen, aus dem Fenster schauen oder mit den Stiften spielen stören zwar den Unterricht nicht, beeinträchtigen jedoch die individuellen Lernprozesse der betreffenden Schülerinnen und Schüler. Aktive Formen wie lärmen, herumrennen oder schreien beeinträchtigen nicht nur die individuellen Lernprozesse, sondern behindern den Unterricht als Ganzes.

I Unterrichtsstörungen verstehen

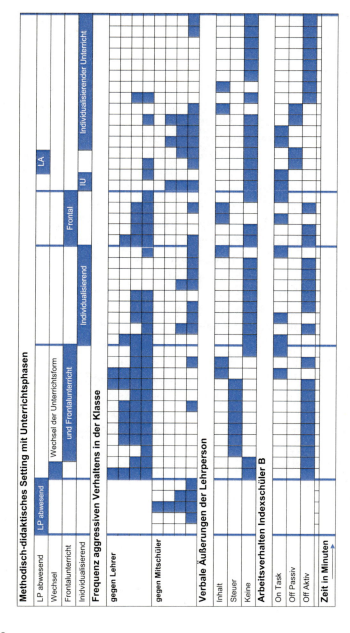

Abb. 1: Unterrichtspartitur (Ummel, Wettstein & Thommen, 2009, S. 114)

Eine Analyse der in Abbildung 1 dargestellten Lektion ergibt folgendes Bild: Die Lehrperson erscheint fünf Minuten zu spät, stellt sich dann zwei Minuten mit verschränkten Armen vor die Klasse und wartet, bis es ruhig wird. Weil das nichts bringt, versucht die Lehrperson nun durch einen siebenminütigen Steuerungsmonolog, den geplanten Frontalunterricht durchzusetzen. Schließlich gibt sie resigniert auf und sagt: »Gut, heute arbeiten wir am Wochenplan.« Die Lernenden antworten: »Ja ja, heute arbeiten wir am Wochenplan«, gehen an ihren Platz und machen während der Unterrichtsstunde alles andere, als am Wochenplan zu arbeiten. Die Bilanz dieser Unterrichtsstunde ist ernüchternd: Die Schülerinnen und Schüler arbeiten im Durchschnitt elf Minuten pro Lektion. Während die Lehrperson im ersten Teil noch versucht, ihr Unterrichtssetting mit einem Steuerungsmonolog durchzusetzen, zieht sie sich in der zweiten Hälfte der Lektion zurück und reagiert nicht mehr auf Fragen der Lernenden.

2.3 Zusammenfassung

Wir sind von der Frage ausgegangen, was Unterrichtsstörungen sind. Dabei haben wir Unterrichtsstörungen als Störungen des Lehr-Lern-Prozesses definiert. Wenn also das Lehren und Lernen stockt, aufhört, pervertiert, unerträglich oder inhuman wird. Zudem haben wir auch aufgezeigt, dass Störungen sowohl von individuellem Verhalten der Schülerinnen und Schülern wie auch von der Lehrperson ausgehen können. Störungen sind jedoch keine rein statischen, überdauernden Eigenschaften einer Person. Auch »Hyperaktive« haben ruhige Phasen, auch »Aggressive« können sich in bestimmten Situationen prosozial und einfühlend verhalten. Letztlich sind Störungen im Unterricht jedoch immer auch soziale Phänomene, welche sich ausweiten und sich zu gestörten Interaktionsmustern im Unterricht entwickeln können. Entscheidend ist also nicht so sehr die Frage, was eine einzelne Schülerin, ein einzelner Schüler oder aber die Lehrperson tut, sondern vielmehr wie die Interaktionspartnerinnen und -partner aufeinander reagieren. Dabei haben wir gesehen, dass das Gelingen des Unterrichts nicht alleine von der Lehrperson abhängt. Die Lehrperson macht ein Unterrichtsangebot, welches von den Lernenden genutzt werden kann. Die Lernenden tragen somit eine Mitverantwortung für einen gelingenden Unterricht.

3

Unterrichtsstörungen aus Lehrer- und Schülersicht – eine Frage der Perspektive

Wie nehmen Lehrpersonen und Schülerinnen und Schüler Störungen im Unterricht wahr? Was stört und belastet sie? Nehmen sie ähnliche Dinge als störend wahr oder divergieren ihre Einschätzungen? Wo verorten sie die Ursachen von Störungen und wie könnten Störungen aus ihrer Sicht vermieden werden? Als wir vor einigen Jahren begannen, uns mit solchen Fragen auseinanderzusetzen, stießen wir auf überraschende Studienergebnisse. Obwohl Lehrpersonen und Lernende sehr viel Zeit miteinander im gleichen Schulzimmer verbringen, scheinen sie den Unterricht häufig doch ganz anders einzuschätzen: So fand z. B. Clausen (2002) in einer Fragebogenstudie gar keine Übereinstimmungen zwischen Lehrpersonen und Lernenden in ihrer Einschätzung von Partizipation, Disziplin und Monitoring im Unterricht.

Wir beschlossen deshalb, diese Wahrnehmungsunterschiede genauer zu erforschen. Dazu führten wir an 83 Klassen eine Fragebogenerhebung durch, um herauszufinden, wie die Lehrpersonen und die Lernenden Beziehung, Klassenführung und verschiedene Formen von Unterrichtsstörungen wahrnehmen. Die Studie wurde an Primarschulklassen der Klassenstufen 5 und 6 in der deutschsprachigen Schweiz (Grundschule) durchgeführt, da diese Schulstufe den Beginn der frühen Adoleszenz der Lernenden markiert und die Jugendlichen in dieser Zeit vor neuen Entwicklungsaufgaben stehen. Sie streben unter anderem nach mehr Autonomie und Partizipation, was zu einem leichten Anstieg störenden und aggressiven Verhaltens führen kann.

In einem ersten Schritt befragten wir die Schülerinnen und Schüler wie auch ihre Klassen- und eine Fachlehrperson nach ihren Einschätzungen der Häufigkeit und den Formen von Unterrichtsstörungen, der Lehrer-Schüler-Beziehung und der Klassenführung. Bisher liegen kaum Studien zum Unterricht von Fachlehrpersonen vor. Beobachtungsstudien (Wettstein, 2008; Wettstein, 2010) deuteten jedoch darauf hin, dass im Unterricht von Fachlehrpersonen generell mehr Störungen auftreten als im Unterricht von Klassenlehrpersonen. In einem zweiten Schritt videografierten wir den Unterricht an 18 Klassen und führten schließlich an 8 Klassen Interviews mit Schülerinnen und Schülern wie auch den Lehrpersonen durch.

Wir stellen nun im Folgenden unsere Studienergebnisse dar und diskutieren, inwiefern Schülerinnen und Schüler in ihren Einschätzungen von Unterricht mit den Lehrpersonen übereinstimmen (▶ Kap. 3.1), was Lernende und Lehrpersonen im Unterricht am meisten stört (▶ Kap. 3.2) und wo sie aus ihrer jeweiligen Perspektive die Ursachen von Störungen verorten (▶ Kap. 3.3).

3.1 Inwiefern stimmen die Schülerinnen und Schüler mit den Lehrpersonen überein?

Die Ergebnisse unserer Fragebogenstudie (Wettstein, Ramseier & Scherzinger, 2018) zeigen, dass die Schülerinnen und Schüler einer Klasse den Unterricht sehr ähnlich einschätzen. Das heißt, die einzelnen Lernenden beurteilen den Unterricht nicht nur aufgrund individueller Maßstäbe, sondern sie sind sich in ihren Einschätzungen weitgehend einig. Es zeigt sich aber auch ein Geschlechtereffekt. Die Mädchen stimmen besser in ihren Einschätzungen überein als die Jungen und sie schätzen den Unterricht insgesamt positiver ein (Wettstein, Ramseier & Scherzinger, 2018). Dies ist wahrscheinlich darauf zurückzuführen, dass bei 12-jährigen Mädchen und Jungen die sozialen Netzwerke innerhalb von Klassen fast vollständig nach Geschlechtern getrennt sind (Lubbers, 2003) und Mädchen sich häufiger miteinander austauschen als Jungen (Raffaelli & Duckett, 1989). Auch andere Studien zeigen, dass Mädchen die Lehrer-Schüler-Beziehung und Klassenführung deutlich milder beurteilen als Jungen (Haladyna & Hess, 1994; Wagner, 2008). Zudem nehmen Mädchen weniger Schüler- und Lehreraggression wahr als Jungen (Wettstein, Ramseier & Scherzinger, 2018). Dies ist wahrscheinlich darauf zurückzuführen, dass sie in ihren geschlechtsspezifischen Netzwerken weniger aggressivem Schülerverhalten ausgesetzt sind (Card, Stucky, Sawalani & Little, 2008) und deshalb vermutlich auch weniger Schüleraggression im Unterricht wahrnehmen. Sie verfügen zudem über eine höhere Selbstregulationsfähigkeit (Duckworth & Seligman, 2006; Hannover & Kessels, 2011), verstoßen weniger gegen Schulnormen und sind dadurch wahrscheinlich auch weniger aggressivem Verhalten der Lehrperson ausgesetzt.

Die Studie zeigt auch, dass die Lernenden den Unterricht der Klassenlehrperson günstiger einschätzen als den Unterricht der Fachlehrperson. Aus Schülersicht sind Fachlehrpersonen im Vergleich zu Klassenlehrpersonen deutlich weniger kompetent hinsichtlich Klassenführung. Auch die Beziehungs- und Vermittlungsqualität wird kritischer beurteilt und die Schülerinnen und Schüler nennen auch mehr Störungen des methodisch-didaktischen Settings bei den Fachlehrpersonen. Hinsichtlich nicht aggressiver Schülerstörungen und Aggression der Lehrperson zeigen sich hingegen kaum Unterschiede. Doch weshalb werden Fachlehrpersonen aus Schülersicht kritischer beurteilt als Klassenlehrpersonen? Die Fachlehrpersonen unserer Studie verbringen rund dreimal weniger Zeit mit den Schülerinnen und Schülern einer Klasse als Klassenlehrpersonen und müssen auch primär die Klassenregeln der Klassenlehrperson übernehmen. Es ist deshalb nicht erstaunlich, dass ihr Unterricht aus Schülersicht fast durchwegs kritischer eingeschätzt wird als der Unterricht der Klassenlehrperson.

Vergleicht man nun die Schülerurteile mit den Einschätzungen der Lehrperson, so zeigt sich, dass Lehrpersonen und Lernende Störungen ähnlich, Beziehung und Klassenführung hingegen sehr unterschiedlich wahrnehmen. Dabei unterscheiden sich die untersuchten Klassen in ihren Übereinstimmungen zwischen den Urteilen der Lehrpersonen und den der Lernenden: In manchen Klassen kommen Lehrpersonen zu ähnlichen Einschätzungen und beurteilen den Unterricht übereinstimmend als wenig oder aber stark belastet. In anderen Klassen finden sich jedoch kaum Übereinstimmungen. Hier findet entweder die Lehrperson, der Unterricht sei stark belastet, während die Schülerinnen und Schüler keine Störungen berichten. Schließlich gibt es Klassen, in denen die Schülerinnen und Schüler viele Störungen erleben, während die Lehrperson kein Problem sieht (Wettstein, Ramseier, Scherzinger & Gasser, 2016).

Im Anschluss an die Fragebogenstudie videografierten wir den Unterricht (3 Lektionen) an 18 Klassen und eine außenstehende Beobachterin untersuchte Sekunde für Sekunde, welche Störungen in den Klassen auftraten und wie sich die Lehrer-Schüler-Beziehung und die Klassenführung gestalteten. Damit konnten wir der Perspektive der Lehrperson und der Lernenden eine dritte Sichtweise auf den Unterricht hinzufügen: die einer externen Beobachterin. Die Beobachterin stimmt weitaus besser mit den Urteilen der Schülerinnen und Schüler überein als mit denjenigen der Lehrpersonen. Weiter zeigen die Beobachtungen, dass im Unterricht mehr nicht aggressive als aggressive Störungen auftreten. Im Unterricht der Fachlehrpersonen kommt es häufiger zu Störungen als bei den Klassenlehrpersonen. Zudem zeigt sich, dass der Unterricht von Lehrpersonen, die im Gegensatz zu ihren Schülerinnen und Schülern kaum Störungen wahrnehmen, besonders störungsbelastet ist (Scherzinger et al., submitted).

Im Anschluss an die Videostudie führten wir an 8 Klassen getrennt Interviews mit den Lehrpersonen und den Schülerinnen und Schülern durch (Scherzinger, Wettstein & Wyler, 2017). Dabei wollten wir herausfinden, was Lehrpersonen und Schülerinnen und Schüler im Unterricht besonders stört und weshalb es aus ihrer Sicht überhaupt zu Störungen im Unterricht kommt. Diese Ergebnisse werden nun im Folgenden präsentiert.

3.2 Was stört Lehrpersonen und Lernende?

Die Lehrpersonen und die Schülerinnen und Schüler nehmen insgesamt ähnliche Formen von Störungen im Unterricht wahr und empfinden diese übereinstimmend als störend. Die Ergebnisse zeigen, dass sich Lehrpersonen und Schülerinnen und Schüler am meisten durch Schwatzen, die Lautstärke im Klassenzimmer und motorische Unruhe einzelner Kinder gestört fühlen. Aggressiven Schülerstörungen kommt, im Vergleich zu nicht aggressiven, eine marginale Rolle zu. Allerdings berichten Fachlehrpersonen häufiger von aggressiven Störungen in ihrem Unterricht und von mehr Angriffen gegen ihre Autorität als Klassenlehrpersonen. Dieser Befund geht mit den Ergebnissen der Videoauswertung (Scherzinger, Wettstein & Wyler, submitted) einher, welche zeigen, dass im Unterricht der Fachlehrpersonen bis zu dreimal mehr aggressives Verhalten vonseiten der Schülerinnen und Schüler auftritt als im Unterricht der Klassenlehrpersonen.

Die beiden Gruppen unterscheiden sich allerdings in der Nennung von passiven sowie aggressiven Unterrichtsstörungen. So nannten die Lehrpersonen häufiger auch aggressives Verhalten unter den Schülerinnen und Schülern und Angriffe gegen die Lehrpersonenautorität als Störungen im Unterricht. Zudem bezeichnen die Lehrpersonen auch passive Störungen der Lernenden (tagträumen, nicht zuhören) als Störungen in ihrem Unterricht, da diese in der Folge häufig zu aktiven Störungen werden und sie am Unterrichten oder Mitschülerinnen und -schüler am Lernen hindern. Lehrpersonen sind im Gegensatz zu den Schülerinnen und Schülern auch sensibilisiert für passive Störungen wie z. B. tagträumen.

Insgesamt weisen diese Ergebnisse auf rollenspezifische Unterschiede in der Wahrnehmung und im Erleben von Unterrichtsstörungen hin. Aufgabe der Lehrperson ist es, Lehr-Lern-Prozesse auszulösen und zu begleiten. Ein ungenügendes, passives Nutzungsverhalten auf Seite der Schülerinnen und Schüler beeinträchtigt das Erreichen der rollenspezifischen Ziele der Lehrperson. Lehrpersonen wissen, dass sich aus solchen vorerst noch passiven Störungen wie z. B. eines Off-task-Verhalten von Lernenden während Erklärungsphasen in einem nächsten Schritt aktive verbale und motorische Störungen entwickeln können, welche dann die ganze Klasse bzw. den Unterricht stören. Dieser Befund verdeutlicht, dass Lehrpersonen wie auch Schülerinnen und Schüler unterschiedliche Rollen innehaben und sich daraus unterschiedliche Aufgaben und Erwartungen ergeben, welche die Wahrnehmung und Beurteilung von Störungen beeinflussen.

3.3 Was sind Ursachen von Unterrichtsstörungen aus Lehrer- und Schülersicht?

Wo sehen Lehrpersonen und die Schülerinnen und Schüler die Ursachen für Störungen im Unterricht? Die Interviewstudie von Scherzinger, Wettstein und Wyler (2017) zeigt, dass sowohl Lehrpersonen wie auch Schülerinnen und Schüler die Gründe für Unterrichtsstörungen häufig außerhalb ihrer Person sehen. Schülerinnen und Schüler berichten von problematischen Beziehungen zur Lehrperson, v. a. von mangelndem Vertrauen und fehlendem gegenseitigen Respekt als Ursachen von Störungen. Ob es bei einer Lehrperson viele Störungen gibt, hängt aus ihrer Sicht entscheidend von der Lehrer-Schüler-Beziehung ab; ob man die Lehrperson mag, sich gegenseitig akzeptiert und ernst nimmt. Als weitere Ursache von Störungen nennen die Schülerinnen und Schüler die Unterrichtsgestaltung. Eine schlechte Unterrichtsvorbereitung, uninteressante Themen, wenig Abwechslung oder unklare Aufträge führen zu Störungen. Fehlende Motivation und fehlendes Interesse werden nicht der eigenen Person zugeschrieben, sondern sind aus ihrer Sicht von der Unterrichtsgestaltung der Lehrperson und dem Unterrichtsstoff abhängig. Unterforderung bzw. ein wenig herausfordernder Unterricht, der nicht an ihren Interessen ansetzt, scheint eine wesentliche Rolle bei der Entstehung von Störungen zu spielen. Einige der befragten Kinder wiesen darauf hin, dass Unterrichtsstörungen bei einem langweiligen Unterricht Abwechslung bereiten und der Unterricht gestört wird, um Spaß zu haben. Diese Ergebnisse deuten darauf hin, dass die Schülerinnen und Schüler sich eher in einer passiv-rezeptiven Rolle sehen.

Als weitere Ursachen von Störungen nennen die Schülerinnen und Schüler Aspekte der Klassenführung. Beispielsweise wenn Lehrpersonen keine Kontrolle oder keinen Überblick über das Klassengeschehen haben, der Unterricht zu wenig flüssig und reibungslos abläuft, dass die Lernenden warten müssen oder Lehrpersonen zu streng und unflexibel reagieren.

Als Störungsursachen nennen die Schülerinnen und Schüler vereinzelt auch Kinder mit einer Lern- oder Verhaltensstörung (z. B. ADHS), die häufig im Unterricht laut seien, provozieren und Aufmerksamkeit wollten. Des Weiteren schreiben die befragten Kinder Unterrichtsstörungen auch fehlendem Interesse und der Gleichgültigkeit einzelner Schülerinnen und Schüler wie auch ungelösten Konflikten innerhalb der Klasse zu, was verdeutlicht, dass auch individuelle und gruppendynamische Aspekte sowie die Beziehungen zu den Peers aus ihrer Sicht eine Rolle bei Unterrichtsstörungen spielen können.

Von den Lehrpersonen werden die Klassenzusammensetzung und die Klassengröße als häufigste Ursachen von Störungen genannt. Als besonders herausfordernd erleben sie heterogene Klassen (Alter, Herkunft, Leistung und Verhalten, z. B. Verhaltensauffälligkeiten), welche wiederum die sozialen Beziehungen der Schülerinnen und Schüler, den Umgang miteinander und Gruppenprozesse beeinflussen würden. Hierbei besteht aus ihrer Sicht die Gefahr einer unerwünschten negativen Beeinflussung durch Gleichaltrige sowie die Bildung negativer Klassennormen. Wenige Unterrichtsstörungen treten aus Sicht der Lehrpersonen dann auf, wenn das Klima in der Klasse stimme. Für ein gutes Klassenklima spiele wiederum die Klassenzusammensetzung wie auch das Verhältnis und Vertrauen unter den Schülerinnen und Schülern eine wichtige Rolle.

Lehrpersonen schreiben Störungen im Unterricht auch einzelnen Schülerinnen und Schülern zu. Dabei lassen sich stabilere (z. B. Verhaltensstörung) von weniger stabilen bzw. situationsabhängigen Eigenschaften und Verhaltensweisen (z. B. Verfassung, Motivation) unterscheiden. Als relativ stabile Störungsursachen werden von den Lehrpersonen Lern- oder Verhaltensstörungen (ADHS, Verhaltensauffälligkeiten) genannt. Die Lehrpersonen attribuieren Störungen allerdings auch auf andere Verhaltensweisen und Defizite (auch von Kindern ohne Lern- und Verhaltensstörungen) wie z. B. wenig Eigenverantwortung, Mühe beim Zuhören, nicht ruhig warten können oder die Suche nach Aufmerksamkeit. Zudem wird betont, dass gerade im Schulalltag der persönlichen Verfassung (Erholung, Ermüdung, Konzentration, Laune, Energie) wie auch motivationalen und kognitiven Aspekten der Kinder (Interesse, Unter- oder Überforderung) eine erhebliche Bedeutung zukommt. Störungsursachen auf personaler Ebene der Kinder sind somit aus Sicht der Lehrpersonen auch variabel und von situationalen Bedingungen abhängig.

Familiäre Ursachen von Unterrichtsstörungen werden nur von einigen Lehrpersonen in Zusammenhang mit personalen Eigenschaften und Verhaltensweisen von Kindern genannt. So werden etwa bei verhaltensauffälligen Kindern oder solchen mit einer individualistischen Grundhaltung, welche sehr überzeugt seien von sich und wenig Respekt gegenüber den Lehrpersonen zeigten, auch die Erziehung und das Elternhaus (z. B. schwierige Familienverhältnisse) angesprochen.

Zusammengefasst führen Lehrpersonen die Ursachen von Störungen am häufigsten auf die Klassenzusammensetzung (Größe, Mischklasse, soziale und leistungsbezogene Heterogenität) und Gruppenprozessen (Zusammenspiel, Beziehung zwischen den Schülerinnen und Schülern) sowie einzelne Schülerinnen und Schülern (Eigenschaften und Bedürfnisse, Verhaltensauffälligkeiten) zurück. Damit schreiben sie die Ursachen v. a. Faktoren in ihrer Umwelt zu, welche nicht unmittelbar an ihr Handeln geknüpft sind. Auf die genannten Faktoren haben Lehrpersonen weniger Einfluss als auf ihren eigenen Unterricht, welcher Ansatzpunkte für die Prävention von Störungen bieten würde.

Einige der befragten Lehrpersonen verfügen bereits über ein interaktionales Verständnis von Unterrichtsstörungen und sind auch bereit, das eigene Verhalten in schwierigen Unterrichtssituationen kritisch zu hinterfragen. Sie sind sich der eigenen Anteile, wie der persönlichen Tagesform (Müdigkeit, Energie, Verfassung), der Beziehung zu den Schülerinnen und Schülern sowie der Unterrichtsvorbereitung und -gestaltung schon auch bewusst. Sie schreiben Störungen nicht einseitig einem defizitären Nutzungsverhalten ihrer Schülerinnen und Schüler zu, sondern nehmen auch ihr eigenes Unterrichtsverhalten und ihr Unterrichtsangebot, im Sinne von Angebot-Nutzung (Fend, 2008; Helmke, 2009), in den Blick. So schreiben sie beispielsweise Langeweile durch Unter- oder Überforderung nicht einseitig den Schülerinnen und Schülern zu, sondern erläutern, dass Störungen auch von der Lehrperson bzw. ihrer Unterrichtsvorbereitung und -gestaltung (Rhythmisierung und Individualisierung) wie auch der Auftragserteilung abhängig seien. Weniger Unterrichtsstörungen entstünden, wenn die Klasse von der Lehrperson gut geführt, Aufträge gut geplant und erklärt werden und das Thema klar und spannend sei.

Damit schreiben sie Unterrichtsstörungen nicht einseitig einem defizitären Nutzungsverhalten ihrer Schülerinnen und Schüler zu, sondern verweisen auf die Bedeutung des Unterrichts bzw. des gemachten Angebots, was auf ein interaktionales Verständnis von Unterrichtsstörungen hindeutet. Dieses Ergebnis entspricht dem in der Forschung zunehmend interaktionalen Verständnis von Unterrichtsstörungen als wechselseitiges Phänomen (z. B. Pfitzner, 2000; Pfitzner & Schoppek, 2000; Winkel, 2005).

In einem Punkt sind sich Lehrpersonen und Schülerinnen und Schüler einig. Beide Akteure befinden, dass Störungen durch einen gut oder besser vorbereiteten Unterricht, in welchem die Schülerinnen und Schüler nicht warten müssen und wissen, was sie zu tun haben, vermieden werden könnten. Obwohl alle Akteure v. a. Störungen vonseiten der Lernenden nennen, liegen aus ihrer Sicht die Verantwortung für die Prävention hauptsächlich bei der Lehrperson – eine gute Beziehung, eine klare Klassenführung sowie ein vorbereiteter, rhythmisierter und differenzierter Unterricht. Dies ist insofern plausibel, als dass die Lernenden Schülerstörungen einseitig auf langweiligen Unterricht zurückführen, die Hauptverantwortung für den Unterricht aus ihrer Sicht allerdings bei der Lehrperson liegt und sie wenig Einfluss oder Kontrolle auf die Unterrichtsgestaltung haben. Aus pädagogischer Sicht scheint es wichtig, dass Lehrpersonen vermehrt auch für die Sichtweise der Schülerinnen und Schüler sensibilisiert und darin unterstützt werden, deren Perspektive einzunehmen, um besser nachvollziehen zu können, wie diese den Unterricht erleben. Da beide befragten Gruppen Unterrichtsgestaltung und Klassenführung als zentrale Aspekte der Prävention von Störungen nennen, sollten Lehrpersonen verstärkt mittels einer methodisch-didaktischen Gestaltung eines störungspräventiven Unterrichts (Wettstein, 2010) für unterrichtsnahe Einflussmöglichkeiten sensibilisiert werden, was wiederum ihre Handlungsspielräume wie auch ihre Selbstwirksamkeit erhöhen würde.

3.4 Zusammenfassung

Lehrpersonen und Lernende nehmen den Unterricht aufgrund ihrer unterschiedlichen Rollen anders wahr. Während sich in der Einschätzung von Störungen noch moderate Übereinstimmungen zwischen den Lehrer- und Schülerurteilen ergeben, werden die Lehrer-Schüler-Beziehung und die Klassenführung hingegen sehr unterschiedlich eingeschätzt. Insgesamt schätzen die Lernenden den Unterricht der Klassenlehrpersonen günstiger ein als den Unterricht der Fachlehrpersonen. Diese berichten auch häufiger von Angriffen gegen ihre Autorität als Klassenlehrpersonen. Diese Befunde decken sich auch weitgehend mit den Beobachtungen einer außenstehenden Forscherin.

Die Schülerinnen und Schüler verorten die Ursache von Störungen in erster Linie in problematischen Lehrer-Schüler-Beziehungen und in der Unterrichtsgestaltung. Dabei sehen sie sich eher in einer passiv-rezeptiven Rolle und ihnen scheint kaum bewusst zu sein, dass sie durch ihr Nutzungsverhalten des Unterrichtsangebotes auch eine Mitverantwortung für einen gelingenden Unterricht tragen. Diese Mitverantwortung können die Schülerinnen und Schülern jedoch nur wahrnehmen, wenn ihnen die Lehrperson auch Partizipation und Autonomie in der Mitgestaltung des Unterrichts zugesteht (Eccles & Midgley, 1989) und gleichzeitig mittels einer guten Klassenführung einen klaren Orientierungsrahmen für die Lernenden schafft.

Aus Sicht der Lehrpersonen liegen die Ursachen von Störungen in sozial- und leistungsbedingten heterogenen Klassenzusammensetzungen, der Klassengröße, ungünstigen Gruppenprozessen zwischen den Lernenden sowie in Merkmalen einzelner Schülerinnen und Schüler (Eigenschaften, Bedürfnisse und Verhaltensauffälligkeiten). Damit schreiben sowohl die Lehrpersonen wie auch die Schülerinnen und Schüler die Ursachen für Störungen in erster Linie Faktoren zu, welche nicht unmittelbar an ihr Handeln geknüpft sind. Einige Lehrpersonen betrachten ihren Unterricht allerdings auch aus einer interaktionalen Perspektive und hinterfragen dabei auch ihre eigene Rolle bei der Entstehung von Unterrichtsstörungen durchaus kritisch.

4

Sozialpsychologie des Unterrichts

Im Unterricht begegnen sich zwei Arten von Akteuren: Lehrpersonen und Lernende. Beide interagieren miteinander. Soziale Interaktion kann allgemein als aufeinander bezogenes Handeln zweier oder mehrerer anwesender Personen verstanden werden (Goffman, 1971; Mummendey et al., 1984). In sozialen Interaktionen versuchen Individuen ihre Handlungen durch die absichtliche Übermittlung von Information zu koordinieren und gleichzeitig auch andere zu beeinflussen (Käsermann & Foppa, 2002). Viele Interaktionsprozesse laufen auch nonverbal ab, Blicke steuern und koordinieren die soziale Interaktion (Schilbach, 2015). Mit einem wohlwollenden Blick signalisiert die Lehrperson einem schüchternen Kind, ich sehe, du bist da, das freut mich. Indem die Lehrperson den Blick von einem sprechenden Schüler abwendet, signalisiert sie mit sparsamen Mitteln, darüber möchte ich nun wirklich nicht noch einmal diskutieren. Die Schülerinnen und Schüler folgen bei Erklärungen dem Blick der Lehrperson und lernen so, welches die wesentlichen Punkte des Lernobjekts sind.

Wenn nun Lehrpersonen und Lernende im Schulzimmer aufeinandertreffen, nehmen sie sich gegenseitig wahr und müssen ihre Handlungen koordinieren. Im Unterricht beobachten sich Lehrpersonen und Lernende gegenseitig. Wenn eine Lehrperson ein Schulzimmer betritt, so wird sie von den Schülerinnen und Schülern sehr genau beobachtet. Die Schulklasse kann mit Herzog (2006) als System gegenseitiger Beobachtungen verstanden werden.

> »Die Lehrkraft nimmt die einzelnen Schülerinnen und Schüler wahr und nimmt zugleich wahr, dass sie von ihnen wahrgenommen wird. In gleicher Weise nehmen die Schülerinnen und Schüler die Lehrerin wahr und bemerken gleichzeitig, dass sie ihrerseits wahrgenommen werden. Eine Schulklasse bildet ein System von gegenseitigen Beobachtungen. Kein Beobachter kann vermeiden, seinerseits beobachtet zu werden« (Herzog, 2006, S. 397).

Doch zwischen Lehrperson und Schülerinnen und Schülern besteht eine Asymmetrie der Wahrnehmbarkeit. Lortie (1975) vergleicht die Lehrperson mit einem Fisch im Glas. Sie sitzt für alle Schülerinnen und Schüler sichtbar wie ein Goldfisch im Aquarium. Sie ist dabei mit einer hohen sozialen Dichte, unstrukturierten Problembereichen, dynamischen Situationen und vielfältigen Anforderungen konfrontiert. Sie muss sich mit rund 20 bis 25 Individuen auseinandersetzen und diese so gut als möglich nach individualisierenden Prinzipien fördern (Lortie, 1975). Quasi nebenbei muss sie auch noch die ganze Klasse im Auge behalten und allgemeine Regeln durchsetzen. Gleichzeitig beobachten die Schülerinnen und Schüler ihre Lehrperson aus einer weitgehend handlungsentlasteten Situation und erleben als Zuschauerinnen und Zuschauer, wie die Lehrperson mit anderen Schülerinnen und Schülern interagiert (Makarova et al., 2014). Sie beobachten ihre Lehrpersonen sehr genau. Sie wissen

> »[…] dass die eine Lehrerin so, die andere hingegen anders ist. Was bei der einen erlaubt ist, gilt bei der anderen als streng verboten, was bei der einen

stets zu guten Zensuren verhilft, ist bei der anderen unwichtig oder gar schädlich. Schüler wissen dies und stellen sich in gewisser Weise darauf ein: Sie erwerben [...] Menschenkenntnis ... in der Form von Lehrerkenntnis« (Tillmann, 1989, S. 142).

Lehrpersonen und Schülerinnen und Schüler lernen sich über die Zeit kennen und es bildet sich ein gemeinsamer »Hintergrund«. So lernen die Schülerinnen und Schüler beispielsweise zu erkennen, was die Lehrperson von ihnen erwartet. Die Lehrperson wiederum merkt, was sie von der Klasse und den einzelnen Schülerinnen und Schülern erwarten kann. Clark und Brennan (1991) bezeichnen dieses Wissen als gemeinsamen »Hintergrund« (z. B. gemeinsames Wissen über Sachverhalte, gemeinsame Kompetenzen und Fähigkeiten, gemeinsame Sichtweisen etc.). Mit dem Voranschreiten der Interaktion wächst über die Zeit dieser gemeinsame »Hintergrund« beständig und erleichtert die Interaktion. Dabei werden in der interaktiven Auseinandersetzung Annahmen bestätigt oder verworfen, womit dem Prozess der Verständigung eine wesentliche Rolle im Informationsaustausch zukommt (Clark & Schaefer, 1989).

Die Lehrperson und die Schülerinnen und Schüler interagieren täglich im Unterricht und lernen sich so über die Zeit immer besser kennen. Über wiederholte Interaktionen entstehen Beziehungen. Eine Beziehung entsteht aus einer Reihe von Interaktionen über einen längeren Zeitraum und den Wahrnehmungen, Erinnerungen, Gedanken und Emotionen der Beteiligten (Hinde, 1979; Magnusson & Stattin, 1998; Pianta, 2006). Jeder interaktionale Akt hat einen Einfluss auf den weiteren interaktionalen Verlauf. Dabei bringen Individuen frühere Erfahrungen, welche sie mit anderen Individuen gemacht haben, in soziale Interaktionen ein. Sie bauen Erwartungen über das Verhalten ihrer Interaktionspartnerinnen und -partner auf, antizipieren mögliches Verhalten des Gegenübers und entwickeln Erwartungen über den weiteren Interaktionsverlauf. Die Erwartungen beziehen sich auf Ziele, Inhalte sowie Arten und Abfolgen von Interaktionen. Das Verhalten von Interaktionspartnerinnen und -partnern, die sich bereits gut kennen und häufig in sozialer Interaktion miteinander sind, wird zusätzlich durch frühere Erfahrungen beeinflusst. Furman (1984, S. 35) weist darauf hin, dass Beziehungen weitaus mehr beinhalten als die aktuell ablaufenden Interaktionsmuster. Beziehungen beinhalten darüber hinaus das Wissen über frühere Interaktionen mit dieser Person, verfestigte innere Bilder über die andere Person sowie Erwartungen, wie sich die andere Person in bestimmten Situationen verhalten wird. So gesehen helfen Beziehungen, uns in sozialen Interaktionen besser zurechtzufinden. Sie dienen als Orientierungshilfe und geben die Richtung des Interaktionsverlaufs bis zu einem gewissen Grad vor.

In diesem Kapitel beleuchten wir den Unterricht aus einer sozialpsychologischen Perspektive und gehen der Frage nach, welche psychologischen Prozesse die Unterrichtswahrnehmung der Lehrpersonen und der Schülerinnen und Schüler und somit letztlich auch ihr Handeln beeinflussen. Denn Menschen verarbeiten nicht nur Informationen aus der Umwelt, sondern sie gehen von Alltagstheorien über die Umwelt und die Mitmenschen aus und interpretieren die Ereignisse. Dadurch entsteht eine individuelle, subjektive Sicht der Welt. Wir reagieren also nicht aufgrund objektiver Umweltgegebenheiten, sondern vielmehr aufgrund unserer Interpretation. Indem wir ein Bild unserer sozialen Umgebung konstruieren, werden wir zu unseren eigenen »Architektinnen und Architekten der sozialen Umgebung« (Leyens & Dardenne, 1996).

Wir diskutieren im Folgenden, weshalb der erste Eindruck, den wir bei anderen Menschen hinterlassen, so wichtig ist (▶ Kap. 4.1), wie wir unsere Interaktionspartnerinnen und -partner (meist unbewusst) sozialen Kategorien zuordnen (▶ Kap. 4.2) und welche Folgen die damit verbundenen Erwartungen für die weiteren Interaktionen haben (▶ Kap. 4.3). Wir zeigen auf, welche Rolle eine hohe Selbstwirksamkeitserwartung der Lehrperson für den erfolgreichen Umgang mit Unterrichtsstörungen zukommt (▶ Kap. 4.4) und auf welche Ursachen wir Ereignisse in unserer Umwelt zurückführen (▶ Kap. 4.5).

4.1 Der erste Eindruck

Wenn wir einem Menschen zum ersten Mal begegnen, entscheiden wir meist unbewusst und sehr schnell, aufgrund minimaler Informationen, ob wir ihm vertrauen oder nicht. Aufgrund von flüchtigen Blicken schließen wir auf den inneren Zustand, die soziale Identität unserer Interaktionspartnerinnen und -partner. Diese ersten flüchtigen Eindrücke haben weitreichende Folgen für die weitere Interaktion (Choi, Gray & Ambady, 2005).

Wenn beispielsweise eine neue Lehrperson das Klassenzimmer betritt, so bilden sich die Schülerinnen und Schüler in Sekundenbruchteilen einen ersten Eindruck über sie. Der Grund dieser schnellen Einschätzung liegt wahrscheinlich in der Evolution. Es ist ein Überlebensvorteil, wenn man Gefahren schnell erkennen und ihnen ausweichen kann. Gleichzeitig bildet sich auch die Lehrperson einen ersten Eindruck über ihre neuen Schülerinnen und Schüler. Lehrpersonen sind im Unterricht vielfältig gefordert und müssen sehr viele Informationen verarbeiten. Sie richten deshalb in Interaktionen ihre Aufmerksamkeit in erster Linie auf diejenigen Merkmale der Schülerinnen und Schüler, die für den Ablauf des Unterrichts relevant sind. Sie stützt sich dabei auf einige wenige auffällige Merkmale der Schülerin bzw. des Schülers. Diese erste Eindrucksbildung vollzieht sich sehr schnell und muss der Lehrperson gar nicht einmal bewusst sein. In Minutenschnelle entsteht also ein Bild über die Schülerinnen und Schüler. Dieser Prozess hat weitreichende Konsequenzen für den weiteren Interaktionsverlauf. Kommt ein Schüler am ersten Tag zu spät, so überstrahlt dieses eine Merkmal alle anderen Eigenschaften. Im Kopf der Lehrperson entsteht etwa das Bild des ungewissenhaften oder gar respektlosen Schülers. Erste Eindrücke sind ausgesprochen stabil. Was der Schüler in der ersten Schulwoche tut, wird von diesem hervorstechenden Merkmal überstrahlt.

4.2 Soziale Kategorisierung

Wir alle gehen im Umgang mit anderen Menschen meist unbewusst von impliziten Persönlichkeitstheorien aus (Schweer, 2017). Es handelt sich dabei um all unser Wissen, unsere Erfahrungen und Hypothesen, wie Persönlichkeitseigenschaften zusammenhängen. Eine Studie zeigt, dass die meisten Menschen Anzugträgern Gewissenhaftigkeit zusprechen, Menschen die flüssig sprechen als intelligent einschätzen und solche die laut sprechen als extrovertiert empfinden (Borkenau & Liebler, 1992). Eine vertiefte kritische Analyse findet dabei nicht statt.

Oft nehmen sie dabei ihre Interaktionspartnerinnen und -partner nicht als Einzelpersonen wahr, sondern als Teil einer bestimmten sozialen Kategorie. Die menschliche Fähigkeit, Informationen zu verarbeiten, ist sehr begrenzt und durch die Kategorisierung erreichen wir eine Reduktion der Komplexität der Wahrnehmungssituation.

Auch Lehrpersonen neigen dazu, Schülerinnen und Schüler bestimmten Verhaltens- und Leistungskategorien zuzuordnen, sie zu kategorisieren. Die einfachste Einteilung ist die in schlechte und gute Schüler. Höhn (1980) untersuchte, welches Bild Lehrpersonen von »schlechten Schülerinnen und Schülern« haben. Das Bild der schlechten Schülerin bzw. des schlechten Schülers ist charakterisiert durch Merkmale wie mangelnde Disziplin, Faulheit, mangelndes Interesse. Die »ideale Schülerin« bzw. der »ideale Schüler« ist sozial kompetent, engagiert, hält sich an Regeln und zeigt gute Leistungen (Wentzel, 2009). Diese Eigenschaften stärken die Selbstwirksamkeitserwartung der Lehrperson. Also die Überzeugung der Lehrperson, im Unterricht erfolgreich handeln zu können.

Schülerinnen und Schüler werden häufig aufgrund zweier Dimensionen sozialen Kategorien zugeordnet. Die eine Dimension beschreibt die Leistung. Die andere das Verhalten bzw. die Konformität (▶ Tab. 1). Daraus ergibt sich folgende Typologie (Ulich, 2001):

I Unterrichtsstörungen verstehen

Tab. 1: Verhalten und Leistung als Dimensionen des Schülerverhaltens

		Leistung	
		+	−
Verhalten	+	Ideale Schüler	Sorgenschüler
		vergessene Schüler	
	−	Selbstständige Schüler	Problemschüler

Selbstständige Schülerinnen und Schüler zeigen zwar gute Leistungen, aber passen sich im Vergleich zu den Idealschülerinnen und -schülern weniger den schulischen Normen an. Von Lehrpersonen können sie deshalb als potenzielle Bedrohung gegen ihre Autorität wahrgenommen werden.

Diese Kategorisierung nach Leistung und Konformität bestimmt letztlich auch, wie viel positive bzw. negative Aufmerksamkeit einzelne Schülergruppen von der Lehrperson erhalten. Am meisten positive Aufmerksamkeit erhalten ideale und Sorgenschüler. Diese beiden Gruppen verhalten sich konform und bestätigen die Lehrpersonen in ihrer Selbstwirksamkeit. Sowohl Selbstständige als auch Problemschüler verhalten sich dagegen weniger konform, fordern die Lehrperson heraus und stellen deren Autorität in Frage. Sie erhalten weniger positive Zuwendung und häufiger negative Rückmeldungen. Schließlich gibt es eine vergessene Gruppe von Schülerinnen und Schülern, die wenig Aufmerksamkeit erhält. Sie werden hinsichtlich Leistung und Verhalten als mittel eingeschätzt und fallen deshalb kaum auf. Selbstverständlich handelt es sich hierbei um eine vereinfachte Darstellung. Lehrpersonen unterscheiden sich darin, wie differenziert sie ihre Schülerinnen und Schüler wahrnehmen.

Eine ähnliche Kategorisierung findet sich bei Hofer (1981; 1986), er identifizierte in seiner Studie fünf Schülertypen aus Sicht der Lehrpersonen. 1. intelligent, fleißig, aktiv, diszipliniert (20 %), 2. gute

Noten, Anstrengungsbereitschaft zeigend, pflichtbewusst erscheinend, soziale Zurückhaltung (33 %), 3. verschlossen, unsicher, ruhig, zurückhaltend (17 %), 4. durchschnittliche Intelligenz, hohe soziale Aktivität, schlechtes Arbeitsverhalten, »Störer« (20 %), 5. unzureichend begabt, völlig desinteressiert, ohne Ehrgeiz, mangelnde Arbeitshaltung (10 %).

Wir haben bisher gesehen, dass Schülerinnen und Schüler aufgrund ihrer Leistung und ihres Verhaltens sozialen Kategorien zugewiesen werden. Darüber hinaus gibt es auch noch weitere Merkmale, die der Kategorisierung von Schülerinnen und Schülern dienen. So werden sie z. B. vor dem Hintergrund ihres Geschlechts, Alters, Hautfarbe, Kleidung oder ihrer Herkunft beurteilt. Studien zeigen, dass attraktive Kinder nicht nur beliebter sind, sondern auch besser benotet werden (Dunkake et al., 2012). Migrantenkinder und Kinder aus schwächeren Milieus werden trotz guter Leistungsfähigkeit aufgrund ihrer Herkunft schulisch unterschätzt (Tenenbaum & Ruck, 2007).

Soziale Kategorisierungen laufen sehr schnell und meist unbewusst ab und helfen der Lehrperson, Komplexität in sozialen Interaktionen zu reduzieren. Dabei stützen sich Lehrpersonen u. a. auf Vorinformationen, die sie von anderen Lehrpersonen erhalten haben wie auch auf ihre ersten Eindrücke der Schülerin bzw. des Schülers. Bereits nach drei Tagen verfügen Lehrpersonen über ein prägnantes Bild ihrer Schülertypen. Und diese Zuschreibungen erweisen sich als außerordentlich stabil (Storch, 1978), weil Lehrpersonen sie v. a. nach dieser Kategorisierung wahrnehmen und ihr Verhalten danach ausrichten.

Gleichzeitig haben soziale Kategorisierungen einen großen Einfluss darauf, was wir von einem Interaktionspartner bzw. einer Interaktionspartnerin erwarten. Im besten Fall nehmen wir z. B. einen Schüler als intelligent, fleißig und aktiv wahr und stellen deshalb hohe Erwartungen an ihn und fördern ihn dementsprechend. Im schlimmsten Fall unterstellen wir einem Schüler vorschnell und ungerechtfertigt Desinteresse und eine mangelnde Arbeitshaltung, erwarten nur wenig von ihm und begegnen ihm unfreundlich.

4.3 Erwartungen

Eine Erwartung ist die Vorwegnahme oder auch die Vorausschau auf künftige Ereignisse. Sowohl Lehrpersonen wie auch Schülerinnen und Schüler bauen in der Interaktion Erwartungen an ihre Interaktionspartnerinnen und -partner auf, diese können den weiteren Interaktionsverlauf prägen. Was man glaubt, bewahrheitet sich leicht, denn unser Verhalten richtet sich automatisch danach.

Wir unterscheiden zwischen normativen und antizipatorischen Erwartungen. Als normative Erwartungen bezeichnen wir, was eine Person tun sollte, während antizipatorische Erwartungen, Annahmen sind was eine Person tun wird. Normativ erwartet die Lehrperson beispielsweise, dass sich Lernende aktiv am Unterricht beteiligen. Studien zeigen, dass Lehrpersonen über normative Erwartungen an die Mitarbeit, Leistung und Konformität der Schülerinnen und Schüler verfügen. Einige dieser Erwartungen, welche Lehrpersonen mit dem Bild »beliebter« Schülerinnen und Schüler verbinden, bzw. die Verletzung dieser Erwartungen durch aus Lehrersicht »unbeliebte« Schülerinnen und Schüler finden sich in der nachfolgenden Tabelle 2.

Tab. 2: Normative Erwartungen von Lehrpersonen (adaptiert nach Richey, 2016, S. 67)

	Beliebte Schülerinnen und Schüler	Unbeliebte Schülerinnen und Schüler
Mitarbeit	aktive Teilnahme am Unterricht	Fehlender Willenseinsatz
Leistung	• Richtige Antwort auf Fragen • Wenige Vorlesefehler • Gute Noten • Keine Wiederholung von Klassen • Empfehlung für Gymnasium	• Schlechte Noten • Wiederholung von Klassen • Empfehlung für Hauptschule • Mangelnde Begabung

Tab. 2: Normative Erwartungen von Lehrpersonen (adaptiert nach Richey, 2016, S. 67) – Fortsetzung

	Beliebte Schülerinnen und Schüler	Unbeliebte Schülerinnen und Schüler
Konformität	• Sich einfügen • Klassenregeln nicht verletzen • Gutes Betragen • Sehr konformes Verhalten	• Disziplinprobleme • Verletzung der Klassenregeln • Hyperaktives, aggressives Verhalten • Nicht konformes Verhalten • Oppositives Verhalten

Auch die Schülerinnen und Schüler stellen normative Erwartungen an eine »gute Lehrperson«: Eine gute Lehrperson kann Unterrichtsinhalte gut erklären, ist freundlich, gutmütig, gerecht, geduldig, humor- und verständnisvoll, hilfsbereit, lobend und gesellig. Die Lehrperson ist fachlich kompetent, erklärt gut und unterrichtet interessant, sie fordert Leistung, hat den Überblick, gibt trotzdem Freiheit und reagiert angemessen auf Störungen (Richey, 2016).

Neben normativen Erwartungen spielen auch antizipatorische Erwartungen eine wichtige Rolle für den Interaktionsverlauf. Antizipatorische Erwartungen sind die gedankliche Vorwegnahme möglicher Verhaltensweisen der anderen Person. Wir stellen also Vermutungen darüber auf, wie unsere Interaktionspartnerinnen und -partner in bestimmten Situationen handeln werden. Wenn eine Lehrperson erwartet, dass sich eine Schülerin nicht für den Unterrichtsstoff interessiert, so wird sie ihr den Stoff vermutlich weniger engagiert erklären, als wenn sie erwartet, dass die Schülerin interessiert ist. Dadurch wird die Schülerin auch weniger von der Erklärung der Lehrperson profitieren.

Erwartungen können sich als Sich-Selbst-Erfüllende-Prophezeiungen bestätigen. Rosenthal und Jacobson (1974) täuschten in einer Studie Lehrpersonen an Grundschulen vor, bei 20 % der Schülerinnen und Schüler nach einem IQ-Test ein enormes Entwicklungspotenzial festgestellt zu haben. Tatsächlich zogen sie die Namen dieser Kinder aber völlig zufällig. Ein Jahr später führten sie erneut einen Intelligenztest durch. Das Ergebnis: Fast die Hälfte der zuvor zufällig nominierten Kinder steigerten ihren IQ um 20 Punkte; ein Fünftel gar um 30 Punkte oder noch mehr. Ein beeindruckender Unterschied, v. a., weil es besonders die vormals schlechteren Schülerinnen und Schüler waren, die sich so drastisch verbesserten. Die Lehrpersonen behandelten sie nun anders: Sie bemühten sich mehr um sie, waren geduldiger und gaben mehr positives Feedback.

Je nachdem, welcher sozialen Kategorie Schülerinnen und Schüler zugeordnet werden, stellen Lehrpersonen unterschiedliche Erwartungen an diese. In der Studie von Darley und Gross (1983) sahen Probanden auf Video, wie ein Kind verschiedene Aufgaben bearbeitet. Eine Gruppe von Probanden ging davon aus, das Kind käme aus einem Elternhaus mit einem hohen sozioökonomischen Status, wogegen einer anderen Gruppe von Probanden suggeriert wurde, die Eltern des Kindes würden einen geringen Status aufweisen. Die gleiche Testleistung wurde positiver bewertet, wenn von dem Kind angenommen wurde, seine Eltern hätten einen hohen sozialen Status.

Ähnlich verhält es sich auch bei Schülerinnen und Schülern. In einer klassischen Studie von Kelley (1949) wurde ein Lehrer entweder als warmherzig oder als kühl angekündigt. Je nachdem, mit welchen Erwartungen die Schülerinnen und Schüler in den Unterricht gingen, beurteilten sie das gleiche Verhalten des Lehrers unterschiedlich. Der als warmherzig angekündigte Lehrer wurde als kompetent und warmherzig wahrgenommen, während der als kühl angekündigte Lehrer als inkompetent und unsympathisch beurteilt wurde.

Zusammenfassend können wir festhalten, dass Erwartungen, die wir an unsere Interaktionspartnerinnen und -partner stellen, nicht nur unsere Wahrnehmung, sondern auch unser Verhalten in sozialen Interaktionen beeinflussen.

4.4 Lehrerselbstwirksamkeitserwartung

Wichtig sind nicht nur die Erwartungen, die Lehrpersonen an ihre Schülerinnen und Schüler stellen, sondern auch, was sie von sich selbst erwarten. Selbstwirksamkeitserwartung bezeichnet die Erwartung einer Person, aufgrund eigener Kompetenzen gewünschte Handlungen erfolgreich selbst ausführen zu können (Bandura, 1997; Klassen, Tze, Betts & Gordon, 2011). Ein Mensch, der daran glaubt, selbst etwas bewirken und auch in schwiergen Situationen selbstständig handeln zu können, hat demnach eine hohe Selbstwirksamkeitserwartung. Eine hohe Selbstwirksamkeitserwartung führt dazu, dass Probleme optimistischer angegangen werden und aktiv nach Lösungen gesucht wird (Zee & Koomen, 2016), wohingegen eine unzureichende Selbstwirksamkeitserwartung belastend wirkt.

Es ist entscheidend, dass Lehrpersonen davon überzeugt sind, etwas bewirken zu können. Gerade in schwierigen Situationen handeln wir zuversichtlicher, wenn wir wissen, wie wir das Ziel erreichen können und auch davon überzeugt sind, über die notwendigen Kompetenzen zur Zielerreichung zu verfügen. Dieser Selbstwirksamkeitserwartung kommt eine entscheidende Bedeutung zu, da erst das Vertrauen in die eigene Kontrolle oder in die eigene Selbstwirksamkeit eine angemessene Handlungsplanung und -durchführung erlaubt. Wenn Lehrpersonen davon überzeugt sind, etwas bewirken zu können, interpretieren sie schwierige oder stressreiche Unterrichtssituationen als Herausforderung und bemühen sich aktiv darum, das Problem zu lösen (Flammer & Grob, 1994; Jerusalem, 1990; Jerusalem & Schwarzer, 1989). Sie sind überzeugt, dass sie auch einer schwierigen Klasse gewachsen sind und sehen den Umgang mit »Problemschülerinnen und -schülern« oder Unterrichtsstörungen als Herausforderung, welchen sie sich mit positiven Erwartungen stellen.

Lehrpersonen mit einer geringen Selbstwirksamkeitserwartung interpretieren die gleiche Situation als Bedrohung und reagieren oft punitiv, defensiv oder versuchen gar nicht, das Problem zu lösen.

| Unterrichtsstörungen verstehen

Keine der genannten Strategien trägt konstruktiv dazu bei, Unterrichtsstörungen zu vermeiden. Wenn eine Lehrperson immer wieder die Erfahrung macht, dass sie nicht selbstwirksam ist, interpretiert sie dies als Misserfolg. Wiederholte Misserfolge können schließlich zu einer erlernten Hilflosigkeit (Seligman, 1999) führen, so dass die Lehrperson nicht mehr daran glaubt, etwas an der Situation ändern zu können. Unterrichtsstörungen unterminieren die Selbstwirksamkeitserfahrung der Lehrperson, dies wirkt sich negativ auf die zukünftige Unterrichtsgestaltung der Lehrperson aus und führt wiederum zu mehr Unterrichtsstörungen. Die Häufigkeit überfordernder Situationen kann dazu führen, dass sich die betroffene Person selbst dann hilf- und wirkungslos fühlt, wenn eigentlich realistische Handlungsmöglichkeiten vorhanden wären.

Wie lässt sich Selbstwirksamkeit durch einfache Maßnahmen stärken und aufrechterhalten? Belastete Lehrpersonen müssen unbedingt wieder Selbstwirksamkeit erfahren. Dabei ist es nach Frey (2016) wichtig, dass sich diese Lehrpersonen realistische Ziele setzen, allenfalls auch überhöhte pädagogische Idealvorstellungen kritisch hinterfragen, auch kleine Erfolge würdigen und nicht erwarten, in jeder schwierigen Unterrichtssituation perfekt zu reagieren.

Wer eine hohe Selbstwirksamkeitserwartung hat, sucht Herausforderungen und verfolgt anspruchsvolle Ziele. Erfolg bei diesen Herausforderungen führt wiederum zur Bestätigung bzw. Erhöhung der eigenen Selbstwirksamkeit. Diesen zirkulären Effekt nennen Locke und Latham (1990; 1991) den sogenannten »high performance cycle«. Dies gilt allerdings nur für Ziele, die für die Person realistisch zu bewältigen sind. Wenn wir an die Grenzen unserer Leistungsfähigkeit kommen, sinkt die Leistung rapide ab (Locke & Latham, 2002). Wir tun also gut daran, uns an anspruchsvollen, aber realistischen Zielen zu orientieren.

Eine hohe Lehrerselbstwirksamkeit wirkt sich auch positiv auf die Leistung von Schülerinnen und Schülern aus (Ross, 1995). Lehrpersonen mit einer hohen Selbstwirksamkeitserwartung setzen sich selbst hohe Maßstäbe und erwarten auch viel von den Schülerinnen und Schülern. Sie unterrichten innovativer und risikofreudiger (Riggs

& Enochs, 1990). Sie gehen gerade auch mit leistungsschwachen Schülerinnen und Schülern intensive Lehrbeziehungen ein und setzten angemessen hohe Erwartungen an sie. Dies wirkt sich für leistungsschwache Schülerinnen und Schüler positiv aus. Lehrpersonen mit einer geringen Selbstwirksamkeitserwartung bemühen sich vor allem darum, Störungen zu vermindern. Sie orientieren sich an den leistungsstarken Schülerinnen und Schülern, bestrafen mehr (Tschannen-Moran & Woolfolk Hoy, 2001) und betrachten leistungsschwache Schülerinnen und Schüler eher als potentielle Störquelle.

Unsere Selbstwirksamkeit wird durch unsere bisherigen Erfahrungen beeinflusst. Erfolge stärken die Selbstwirksamkeit, Misserfolge schwächen sie. Bei manchen Menschen stimmen allerdings die biografischen Erfahrungen nicht mit ihrer Selbstwirksamkeit überein:

- Menschen, welche ihre eigenen Fähigkeiten unterschätzen und sich wenig zutrauen.
- Menschen, die ihre eigenen Fähigkeiten überschätzen und sich viel zutrauen.

Eine Unterschätzung der eigenen Fähigkeiten kann dazu führen, dass Menschen nicht handeln, obwohl sie gute Erfolgsaussichten hätten. Eine völlige Selbstüberschätzung kann zu nicht adäquaten oder wenig hilfreichen Handlungen führen. Wohingegen eine leichte Selbstüberschätzung sich oft positiv auswirkt, weil wir Handlungen initiieren und damit Erfahrungen und Lernprozesse machen, die wir mit einer weniger hohen Selbstwirksamkeitserwartung gar nicht erst angepackt hätten (Flammer & Grob, 1994, S. 18).

> Die meisten Menschen haben die Tendenz sich eher etwas zu überschätzen. Dies zeigt Trivers (2011) in seinem etwas provokativen Buch »Deceit and Self-Deception« (Betrug und Selbstbetrug). Er berichtet eine Studie von Epley und Whitchurch (2008). Den Versuchspersonen wurden Fotos gezeigt, auf denen sie

> künstlich attraktiver aussahen. Sie erkannten ihr »geschöntes« Abbild schneller unter verschiedenen Porträts, als wenn sie korrekt abgebildet wurden. Mussten die Probanden hingegen andere Personen identifizieren, wählten sie unverfälschte Bilder aus.

Eine leichte Selbstüberschätzung kann hilfreich sein, um schwierige Aufgaben optimistischer anzupacken bzw. um schwierige Situationen zu bewältigen. Eine Lehramtsstudentin, welche beispielsweise zum ersten Mal vor einer Klasse steht, muss davon überzeugt sein, dass sie der Lehrerrolle gerecht werden kann. Indem sie selbstbewusst auftritt, überzeugt sie auch ihre Schülerinnen und Schüler.

Eine ausreichend hohe Selbstwirksamkeitserwartung ist vor allem auch in den ersten Berufsjahren von Lehrpersonen während der Einstiegsphase wichtig (Fuller & Bown, 1975), wenn die Aufmerksamkeit noch stark auf die Herausforderungen der Klassenführung gerichtet ist (Lidstone & Hollingsworth, 1992; zit. nach De Jong, Mainhard et al. 2014). Die Selbstwirksamkeitserwartung von Lehrpersonen folgt in der Berufsbiografie einer umgekehrten u-förmigen Kurve. In den ersten Jahren steigt die Selbstwirksamkeitserwartung kontinuierlich an, erreicht in den mittleren Jahren ihren Höhepunkt um dann gegen das Berufsende wieder etwas abzusinken (Klassen & Chiu, 2010).

4.5 Ursachenzuschreibungen

Wir versuchen, unser Verhalten und das Verhalten unserer Mitmenschen zu verstehen und zu ergründen, weshalb eine Person so handelt, wie sie handelt. Dabei schreiben wir dem Verhalten unserer Interaktionspartnerinnen und -partnern Ursachen zu – dies kann bewusst oder unbewusst ablaufen. Solche Ursachenzuschreibungen sind entscheidend dafür, welche Erwartungen wir aufbauen, wie wir unsere Umwelt deuten, wie wir unsere Handlungen planen und wie wir auf Ereignisse reagieren. Wenn Lehrpersonen etwa die Ursache von Unterrichtsstörungen stabilen Persönlichkeitseigenschaften von Schülerinnen und Schülern zuschreiben, so haben sie kaum Möglichkeiten, die Problemsituation positiv zu beeinflussen. Wenn Lehrpersonen allerdings veränderbare Ursachen in den Blick nehmen, eigene Anteile kritisch reflektieren und die eigene Unterrichtsplanung hinterfragen, so bieten sich zahlreiche Möglichkeiten, Unterrichtsstörungen wirksam zu begegnen.

Bei der Zuschreibung von Ursachen tendieren wir dazu, das Verhalten anderer Menschen anhand von Persönlichkeitsmerkmalen zu erklären und dabei den sozialen Einfluss zu unterschätzen. Dies nennt man auch den fundamentalen Attributionsfehler. In einer Studie von Jones und Harris (1967) wurden Studierende gebeten, einen Aufsatz eines Kommilitonen zu lesen, der Fidel Castro unterstützte. Die Studierenden sollten dann herausfinden, wie der Autor wirklich zu Castro steht. Selbst dann, wenn der Versuchsleiter den Studierenden mitteilte, der Autor hätte keine Wahl gehabt, wurde trotzdem in den meisten Fällen angenommen, dass der Autor wirklich hinter dem steht, was er geschrieben hat. Fazit: Der Mensch neigt dazu, äußere Ursachen zu unterschätzen, wenn er versucht, das Verhalten anderer Menschen zu erklären.

Im Vergleich dazu betrachten wir unser eigenes Verhalten sehr differenziert. Jones und Nisbett (1971) beobachteten einen Actor-Observer-Bias. Diese Urteilsverzerrung beschreibt das stabile Phänomen, dass man sein eigenes Verhalten (als Akteur) in starkem Maße situational geprägt sieht, während man als Zuschauer das Verhalten anderer stärker Persönlichkeitseigenschaften zuschreibt. Erscheint also eine Schülerin zu spät im Unterricht, so schreibt dies die Lehrperson als Zuschauerin der Unpünktlichkeit der Schülerin zu. Verspätet sich aber die Lehrperson, so findet sie sicher zahlreiche Situationseinflüsse (ein wichtiger Telefonanruf, Stau im Straßenverkehr), welche ihr Verhalten entschuldigen.

Die meisten Menschen führen Erfolge auf ihre eigene Person zurück (»Ich habe die Prüfung geschafft, weil ich so intelligent bin«)

und suchen den Grund von Misserfolgen eher in ihrer Umwelt (»Die Prüfungsfragen waren schlecht formuliert«). So führen auch Lehrpersonen Leistungsverbesserungen ihrer Schülerinnen und Schüler in erster Linie auf die Qualität ihres Unterrichts zurück. Leistungsverschlechterungen schreiben sie hingegen Fähigkeits- und Motivationsmängeln ihrer Schülerinnen und Schüler zu (Beckman, 1970). Diese Strategie hilft uns, ein positives Bild von uns aufrechtzuerhalten.

Doch manchmal stellen sich Menschen ganz bewusst schwächer dar, als sie tatsächlich sind. Eigentlich wäre es für den Selbstwert sehr funktional, selbstwertstützend zu attribuieren und mangelnde Anstrengung oder ungerechtfertigte schulische Anforderungen für den Misserfolg verantwortlich zu machen. Gleichzeitig bringt aber eine negative Darstellung eigener schulischer Fähigkeiten gerade auch für die Schülerinnen und Schüler eine ganze Reihe von Vorteilen mit sich. Man vermeidet Ärger mit der Lehrperson und erhält Mitleid und Unterstützung. Bei einem Misserfolg wählen Schülerinnen und Schüler je nach Interaktionspartnerin bzw. -partner andere Selbstdarstellungsstrategien (Juvonen, 2000). Der Lehrperson und befreundeten Gleichaltrigen gegenüber machen sie mangelnde Fähigkeiten geltend. So können sie auf Mitleid und Unterstützung hoffen. Gegenüber als negativ eingeschätzten Gleichaltrigen, betonen sie, sich nicht angestrengt zu haben. Da sie von diesen Peers keine Unterstützung zu erwarten haben, dient diese Ursachenzuschreibung zumindest der Verteidigung des schulischen Selbstwerts.

Im Hinblick auf Unterrichtsstörungen ist es für Lehrpersonen hilfreich, die Ursachen nicht ausschließlich external, auf relativ unveränderbare Persönlichkeitsmerkmale von Schülerinnen und Schülern zurückzuführen, denn hier haben sie kaum Einflussmöglichkeiten, sondern Faktoren in den Blick zu nehmen, welche sie auch beeinflussen können, wie die Gestaltung eines störungspräventiven Unterrichts.

4.6 Zusammenfassung

Eine sozialpsychologische Betrachtung des Unterrichts zeigt, dass sich Menschen schnell und meist unbewusst einen ersten Eindruck über ihre Interaktionspartnerinnen und -partner bilden und dabei entscheiden, ob sie einer Person vertrauen oder nicht. Solche ersten Eindrücke sind relativ stabil und beeinflussen die weitere Interaktion. Wir nehmen Menschen nicht nur als Individuen wahr, sondern ordnen sie vereinfachend sozialen Kategorien zu. Gerade für Lehrpersonen sind solche Vereinfachungen hilfreich, weil sie erlauben, auch in komplexen Situationen den Überblick zu behalten. Gleichzeitig besteht jedoch die Gefahr, dass Schülerinnen und Schüler vorschnell einer negativen Kategorie wie die »Störer« oder die »Faulen« zugeordnet werden, die Lehrperson deshalb wenig erwartet und dann die betroffenen Lernenden im Sinne einer sich selbsterfüllenden Prophezeiung schlechte Leistungen zeigen. Doch nicht nur die Erwartungen, die eine Lehrperson an die Lernenden stellt, ist entscheidend, sondern auch die Erwartung der Lehrperson an ihre eigene Selbstwirksamkeit. Lehrpersonen, die davon überzeugt sind, im Unterricht etwas bewirken zu können, interpretieren Unterrichtsstörungen eher als eine Herausforderung, solche mit einer geringen Selbstwirksamkeit eher als eine Bedrohung. Schließlich haben wir gezeigt, dass Menschen den Ereignissen in unserer Umwelt Ursachen zuschreiben. Während wir die Ursachen für unser eigenes Verhalten sehr differenziert und situativ ergründen, führen wir das Verhalten unserer Interaktionspartnerinnen und -partner oft auf stabile Persönlichkeitseigenschaften zurück und unterschätzen dabei den Einfluss sozialer Situationen.

5

Handeln im Unterricht

»Pläne machen und Vorsätze fassen bringt viel gute Empfindungen mit sich, und wer die Kraft hätte, sein ganzes Leben lang nichts als ein Pläne-Schmiedender zu sein, wäre ein sehr glücklicher Mensch: Aber er wird sich gelegentlich von dieser Tätigkeit ausruhen müssen, dadurch dass er einen Plan ausführt – und da kommt der Ärger und die Ernüchterung« (Nietzsche, 1997, S. 769; zit. nach Herzog 2006, S. 403).

Ein herausragendes Merkmal von Menschen ist, dass sie nicht nur rein passiv auf äußere Reize reagieren, sondern Ziele verfolgen und aktiv handeln. Eine Handlung ist ein absichtsvolles zielgerichtetes Verhalten. Auch Lehrpersonen versuchen durch absichtsvolles, zielgerichtetes Verhalten bestimmte Ziele zu erreichen und dabei ihre Umwelt aktiv zu gestalten. Sie verfolgen das Ziel, im Unterricht Lehr-Lern-Prozesse auszulösen, die Lernenden in ihrer kognitiven, sozialen und emotionalen Entwicklung zu fördern und Störungen im Unterricht soweit als möglich vorzubeugen. Um diese Ziele zu erreichen, müssen Lehrpersonen handeln. Eine Handlung schließt viele Teilschritte ein. Wir wägen verschiedene Handlungsmöglichkeiten gegeneinander ab und entscheiden uns schließlich für eine bestimmte Handlung. Wir planen, wie wir unsere getroffene Entscheidung umsetzen möchten und versuchen, unseren Plan in Tat umzusetzen. Anschließend bewerten wir den Erfolg oder Misserfolg unserer Handlung.

Handeln ist aufwändig und erfordert viel Aufmerksamkeit und Zeit. Im Unterricht geschieht vieles gleichzeitig, weshalb Lehrpersonen oft unter Zeitdruck handeln. Sie müssen rasch und flexibel auf verschiedene Unterrichtssituationen reagieren und mit teilweise unzureichenden Informationen Entscheidungen treffen. Dies stellt Lehrpersonen in ihrer Handlungsplanung vor große Herausforderungen. Sie müssen sich in einer komplexen Umgebung orientieren, die richtigen Ziele setzen und diese auch verfolgen. Da Zeit und Aufmerksamkeit beschränkte Ressourcen sind, treffen Lehrpersonen Entscheidungen nicht immer abwägend und rational, sondern oft auch unbewusst und automatisch.

In diesem Kapitel gehen wir der Frage nach, wie bewusst Lehrpersonen im Unterricht Entscheidungen treffen und inwiefern ihr Handeln unbewusst abläuft (▶ Kap. 5.1). Weiter thematisieren wir, wie Lehrpersonen auf Unterrichtsstörungen reagieren (▶ Kap. 5.2.) und diskutieren Herausforderungen, die sich beim Berufseinstieg für das Handeln der Lehrperson im Unterricht ergeben (▶ Kap. 5.3).

5.1 Wie bewusst entscheiden Lehrpersonen?

Wir sehen uns gerne als rationale, abwägende Entscheider. Allerdings handeln Menschen gerade im Alltag nicht ausschließlich rational, bewusst und durchdacht (Kahneman, 2012), sondern automatisch

(Bargh & Chartrand, 1999). Dies gilt auch für das Lehrerhandeln im Unterricht. Herzog (2007) weist darauf hin, dass der Unterricht als soziale Situation zu komplex sei, als dass wir erwarten könnten, ihn jemals analytisch zu beherrschen. Und doch muss er von der Lehrperson handelnd bewältigt werden. Im Unterricht geschieht vieles gleichzeitig, dies stellt hohe Anforderungen an eine Lehrperson. Im Alltag wird dabei oft von Multitasking gesprochen. Tatsächlich sind wir jedoch nicht in der Lage, zwei Aufgaben gleichzeitig auszuführen. Unsere Aufmerksamkeitssteuerung ist träge. Versuchen wir, zwei Probleme gleichzeitig zu bewältigen, wechselt unsere Aufmerksamkeit immer wieder von einem Problem zum anderen. Jedes Mal, wenn wir uns einer neuen Aufgabe zuwenden, kostet dies Zeit und Energie.

Im Unterricht muss eine Lehrperson mindestens alle zwei Minuten eine Entscheidung treffen (Clark & Peterson, 1986). Dabei hat die Lehrperson nicht die Zeit, jeden Entscheid bewusst abzuwägen. Sie muss in Sekundenschnelle entscheiden, ob sie auf eine Störung reagiert oder doch lieber den Unterricht fortsetzt. In vielen Fällen treffen Lehrpersonen keine bewussten Entscheidungen, sondern handeln unbewusst.

In Anlehnung an Cranach (1994) unterscheiden wir verschiedene Formen des Lehrerhandelns. Einige dieser Handlungen erfolgen unbewusst und beanspruchen die Aufmerksamkeit kaum. Andere Handlungen wiederum erfolgen bewusst und rational und erfordern ein hohes Maß an Aufmerksamkeit.

• Zielgerichtetes Handeln bezeichnet Verhaltensweisen, die absichtlich, ergebnisorientiert und mehr oder weniger geplant durchgeführt werden (Cranach, 1994). Originär zielgerichtetes Handeln sind erstmals oder selten ausgeführte Handlungen, die bewusst und hierarchisch sequentiell gesteuert werden. Hier liegen eine kognitive Analyse und eine bewusste Entscheidung vor. Diese Art des Denkens und des Handelns ist langsam, bewusst, anstrengend und vor allem auch zeitraubend. Zeit, die Lehrpersonen während des Unterrichtens meist nicht haben.

- Routinehandlungen. Wenn eine Handlung mehrfach wiederholt wurde, läuft diese mit hoher Geschwindigkeit relativ automatisch ab und braucht nicht mehr viel Aufmerksamkeit. Dadurch wird die handelnde Person kognitiv entlastet. Kahneman (2012) bezeichnet dies als schnelles Denken, welches rasch, automatisch, emotional, stereotypisierend und unbewusst abläuft. Schnelles Denken und Routinehandlungen entlasten unsere Aufmerksamkeit, sie machen unser Denken und Handeln jedoch fehleranfällig.
- »Handeln unter Druck« ist Handeln zwischen bewusster Entscheidung und Routine. So z. B. die schnelle Reaktion einer Lehrperson in einer schwierigen Unterrichtssituation. Lehrpersonen sind mit einer hohen sozialen Dichte und vielfältigen Anforderungen konfrontiert und handeln unter Druck (Wahl, 1991). Verweigert beispielsweise eine Schülerin die Aufforderung der Lehrperson, ihre Mathematikaufgaben zu machen mit den Worten: »Nein, Sie haben mir nichts zu sagen, Sie sind schließlich nicht meine Mutter«, so muss die Lehrperson vor dem Hintergrund ihrer jeweiligen Zielvorstellung, ihrer Hypothesen und ihres Wissens in Sekundenschnelle entscheiden, ob sie das Verhalten ignoriert, bestraft, Unterstützung anbietet oder paradox interveniert. Sie hat während des Unterrichts keine Zeit, unzählige Einflussvariablen zu berücksichtigen und rational nutzen-optimierend die bestmögliche Entscheidung zu treffen. Die Lehrperson muss sich also auf das Wesentliche konzentrieren und danach handeln. Dabei kann »partielle Ignoranz« sogar nützlich sein. Mit einfachen Entscheidungsregeln, sogenannten Heuristiken, können Probleme oft gut und schnell gelöst werden (Simon, 1959). »Eine Heuristik ist eine Strategie, welche nur mit wenigen Informationen arbeitet und den Rest ignoriert« (Gigerenzer, 2006, S. 39). Denkprozesse müssten nicht perfekt sein, nur genügend um den weiteren Verlauf des Unterrichts zu sichern. Wesentlich für den Erfolg heuristischer Strategien ist ihre Anpassung an die jeweilige pädagogische Situation. Gutes Lehrerhandeln zeichnet sich durch Improvisation und eine hohe Adaptivität aus (Beck et al., 2008). Erfahrene Lehrpersonen verfügen über eine Auswahl adaptiver

Handlungsstrategien mit einer Vielzahl einfacher Entscheidungsregeln, welche an spezifische Unterrichtssituationen gebunden sind.
- Affekthandlungen sind unkontrollierte Kurzschlusshandlungen, die von intensiven Emotionen (z. B. Wut oder Ärger) gesteuert werden und durch eine reduzierte kognitive Steuerung charakterisiert sind. Beispielsweise ein (wenig professioneller) Wutausbruch einer Lehrperson. Wenn beide Interaktionspartnerinnen und -partner im Affekt handeln, kann dies zu einer Eskalation von Konflikten beitragen.
- Desorganisiertes Handeln. Menschen, die unter sehr hohem Stress stehen, können schließlich völlig handlungsunfähig werden oder aber versuchen, die Situation mit irrationalen Mitteln zu bewältigen (Tomaszewski, 1978). Wenn beispielsweise eine Lehrperson im Geräteturnen mit einem offenen Beinbruch einer Schülerin konfrontiert ist und völlig überfordert, handlungsunfähig erstarrt oder aber hektisch die auf den Boden gefallene Brille putzt, statt der Schülerin Hilfe zu leisten und einen Arzt zu verständigen, steht das Lehrerhandeln nicht mehr in einem sinnvollen Zusammenhang mit der sozialen Situation.

Unter großen Belastungen reagieren Lehrpersonen manchmal automatisch, emotional, stereotypisierend und unbewusst auf schwieriges Schülerverhalten (Deutsch, Kordts-Freudinger, Gawronski & Strack, 2009; Deutsch & Strack, 2010). Deshalb ist es wichtig, das eigene pädagogische Handeln immer wieder zu reflektieren (Schön, 1983; 1987), neue Sichtweisen zu entwickeln, Handlungsalternativen im Hinblick auf die partikuläre pädagogische Situation abzuwägen (Herzog, 1991; 2006; 2007) und somit die Möglichkeiten des sozialen Handelns zu erweitern. Reflexion kann helfen, automatische und stereotypisierende Reiz-Reaktionsmuster zu durchbrechen. So schreibt Herzog (1991, S. 260–261):

> »Sobald Reize die Reaktionen nicht mehr erzwingen, ist ein Freiraum geschaffen, der innerlich alternative Handlungsausgänge abwägen lässt. [...] Die Entkoppelung von Reiz und Reaktion macht den Menschen zum Handelnden«.

Dabei sollten Menschen gemäß Foerster nach dem ethischen Imperativ handeln, dass die Zahl der Möglichkeiten nicht eingeschränkt wird.

> »Denn je größer die Freiheit ist, desto größer sind die Wahlmöglichkeiten und desto eher ist auch die Chance gegeben, für die eigenen Handlungen Verantwortung zu übernehmen. Freiheit und Verantwortung gehören zusammen. Nur wer frei ist – und immer auch anders agieren könnte –, kann verantwortlich handeln« (Foerster & Pörksen, 2003, S. 25).

5.2 Wie handeln Lehrpersonen bei Störungen im Unterricht?

Wir beleuchten nun die Frage, wie Lehrpersonen bei Unterrichtsstörungen handeln. Grundsätzlich können Lehrpersonen auf Störungen im Unterricht eher beziehungsorientiert reagieren, indem sie das Problemverhalten kurz ansprechen, die Schülerinnen und Schüler auf die Folgen ihres Verhaltens für den Unterricht hinweisen, Lernende in Lenkungsentscheide miteinbeziehen oder angemessenes Verhalten anerkennen. Lehrpersonen können jedoch auch mit Druck auf unerwünschtes Schülerverhalten reagieren, indem sie Schülerinnen und Schüler bestrafen, Widerstand mit immer schwereren Strafen begegnen oder sogar aggressiv reagieren (z. B. durch Anschreien).

Lewis (2001) untersuchte, wie Lehrpersonen aus Schülersicht auf Störungen reagieren. Die Studie zeigt, dass in der Grundschule mehr beziehungsorientiert interveniert wird (Hinweise geben, Diskussion von Klassenregeln, Anerkennung) als in der Sekundarstufe. Weiter zeigte sich, dass Lehrpersonen in Klassen mit vielen Störungen eher Druck und Strafe einsetzen, dagegen in Klassen mit wenigen Störungen eher beziehungsorientiert intervenieren.

Der Einsatz von Druck und Strafe birgt verschiedene Probleme und Gefahren. *Durch Strafen kann kein erwünschtes Verhalten aufgebaut werden.* An einigen Klassen führt Schwatzen zu einem Strich, drei

Striche zu einer halben Stunde nachsitzen. Das Problem der Strafe ist, dass man dabei meist nichts lernt. Das unerwünschte Verhalten wird unterdrückt, solange man weiß, dass man kontrolliert wird. Fällt die Kontrolle weg, wird wieder das unerwünschte Verhalten gezeigt. Als besonders ungünstig erweist sich das Androhen von Strafen, ohne diese umzusetzen. Wenn eine Lehrperson immer wieder Strafen ausspricht, den Beteiligten irgendwann jedoch klar ist, dass die Strafen sowieso nicht durchgesetzt werden, verliert die Lehrperson ihre Glaubwürdigkeit und belastet zudem auch die Lehrer-Schüler-Beziehung. Zudem kann sich eine Störung durch eine *unangepasste Reaktion der Lehrperson ausweiten* oder gar *eskalieren*. Wenn die Lehrperson auf unerwünschtes Schülerverhalten mit Druck und Strafe reagiert, das Kind sich wiederum ungerecht behandelt fühlt und aufbegehrt, die Lehrperson mit noch mehr Druck und Strafe reagiert, kann die Situation eskalieren. Die Schülerinnen und Schüler stören, die Lehrperson straft, die Schülerinnen und Schüler begehren umso mehr auf. Durch ihr Handeln trägt die Lehrperson so ungewollt zu einer Unterrichtsstörung bei. Als Faustregel gilt: Eine Reaktion der Lehrperson auf eine Störung sollte nie mehr stören als die Störung selbst. Erfolgreiche Lehrpersonen reagieren mit sparsamen Mitteln und zeigen den Schülerinnen und Schülern mit einem Blick, einer Geste, einer leichten Berührung oder einer kurzen Ermahnung, welches Verhalten sie erwarten. Sie bestrafen das unerwünschte Verhalten also nicht, sondern machen durch ihr präsentes Auftreten klar, was erwartet wird.

Eine weitere häufige Reaktion von Lehrpersonen ist das Ignorieren des störenden Verhaltens (Wettstein, 2008). Dieses hat zwar den entscheidenden Vorteil, dass der Unterrichtsfluss nicht unterbrochen wird, doch unter Umständen wird das Ignorieren von einigen Schülerinnen und Schülern als Zustimmung aufgefasst. Da die Lehrperson nicht reagiert, denken sie möglicherweise, dass ihre aggressive Handlung gerechtfertigt war und von der Lehrperson gebilligt wird.

Wünschenswert wäre es, wenn Lehrpersonen beziehungsorientiert auf unerwünschtes Verhalten reagieren, indem sie die Schülerinnen und Schüler unterstützen, sich in sie einfühlen und wo nötig einen Kompromiss vorschlagen, statt sie zu bestrafen. Weinstein

(2002) zeigte, dass bereits Erstklässler sehr aufmerksam beobachten, wie die Lehrperson ihre Mitschülerinnen und Mitschüler behandelt. Wenn also eine Lehrperson beziehungsorientiert auf eine Störung reagiert, lernen die Schülerinnen und Schüler am Modell, wie sie mit Unstimmigkeiten umgehen können.

Eine angemessene Reaktion auf eine Störung ist sehr anspruchsvoll. Dabei können die pädagogischen Ansprüche einer Lehrperson und ihr tatsächliches Handeln im Unterricht auseinanderklaffen. Dieser Effekt wurde von Dann und Humpert (1987) am Beispiel des Lehrerhandelns bei aggressivem Schülerverhalten nachgewiesen. In einem ersten Schritt fragten die Forschenden erfahrene Lehrpersonen, welche Handlungsempfehlungen sie Novizen geben würden. Dazu legten sie den Hauptschullehrkräften Schilderungen von aggressiven Interaktionen aus dem Schulalltag vor. Die Lehrpersonen wurden um Handlungsempfehlungen unter drei verschiedenen Zielsetzungen (rasche Fortsetzung des Unterrichts, erzieherische Beeinflussung des Schülers, langfristige Verminderung des aggressiven Verhaltens) gebeten. Sie konnten zwischen neutralen, strafenden und sozial-integrativen Handlungen wählen. Vor dem Handlungsziel der raschen Fortsetzung des Unterrichts empfahlen die Lehrkräfte vorwiegend neutrale Reaktionen (Beobachten/Ignorieren, Abbrechen, Mahnen) während vor dem Hintergrund des Ziels einer erzieherischen Beeinflussung und zur langfristigen Verminderung von Aggressionen überwiegend sozial-integrative Interventionen (Kompromiss vorschlagen, Integrieren, Ermutigen, Einfühlen) empfohlen wurden. Strafende Maßnahmen wurden unabhängig vom Handlungsziel nur äußerst selten empfohlen.

In einem zweiten Schritt wurden die abgegebenen Handlungsempfehlungen mit dem tatsächlichen Verhalten der Lehrperson im Unterricht verglichen. Die Lehrkräfte verhalten sich in aggressionshaltigen Situationen in der Mehrzahl der Fälle so, wie es ihrer Zielsetzung zur raschen Fortsetzung des Unterrichts entspricht und ignorieren aggressives Verhalten. Ihre Empfehlung zur langfristigen Verminderung der Aggression mittels sozial-integrativer Maßnahmen setzten die Lehrpersonen jedoch kaum um. Weiter raten sie eher von strafenden Maßnahmen ab, strafen aber tatsächlich im Unterricht häufiger, als dies ihren Empfehlungen entspricht. Aufgrund dieser Divergenz zwischen Handlungsempfehlungen und dem tatsächlichen Handeln im Schulalltag werfen Dann und Humpert (1987, S. 48) die Frage auf, ob die Lehrkräfte »[...] im Laufe ihrer beruflichen Sozialisation von erzieherischen und längerfristigen Zielsetzungen in aggressionshaltigen Störungssituationen mehr und mehr abgekommen sind, so dass diese häufig nur noch den Status von abstrakten Wertschätzungen oder im Moment unerfüllbaren Wunschvorstellungen besitzen«. Dieses Zitat ist durchaus sehr pointiert und hinterfragt das Handeln von Lehrpersonen bei aggressiven Schülerstörungen grundsätzlich. Dabei darf allerdings nicht vergessen werden, dass Lehrpersonen im Unterricht vor einer anspruchsvollen Aufgabe stehen und dabei ihre pädagogischen Idealvorstellungen nicht immer umsetzen können.

Zusammenfassend können wir festhalten, dass im Umgang mit Unterrichtsstörungen sowohl eine Intervention mit sparsamen Mitteln wie auch eine sozial-integrative Maßnahme sinnvoll sein können. Letztendlich muss die Lehrperson situativ entscheiden, ob sie kurz und knapp mit sparsamen Mitteln auf eine Störung reagiert, um den Unterricht rasch fortsetzen zu können, oder ob sie der Klärung einer Störung mehr Raum gibt und mit einer sozial-integrativen Intervention einen Lernprozess bei den Schülerinnen und Schülern auslöst. Gleichzeitig haben wir gesehen, dass das Ignorieren, das Androhen von Strafen und die Durchführung von Strafen keine sinnvollen Mittel im Umgang mit Störungen im Unterricht sind. Denn Ignorieren kann als Zustimmung aufgefasst werden. Leere Drohungen sind wirkungslos, sie unterminieren die Glaubwürdigkeit der Lehrperson und belasten die Lehrer-Schüler-Beziehung. Strafen können das unerwünschte Verhalten zwar in einigen Fällen kurzfristig unterdrücken, doch die Schülerinnen und Schüler können durch Strafen kein neues erwünschtes Verhalten aufbauen. In einigen Fällen führen Strafen sogar zu einer Eskalation. Insgesamt geht es darum, sich nicht nur mit der kurzfristigen Bewältigung von Störungen auseinanderzusetzen, sondern auch längerfristige Ziele wie z. B. den Aufbau erwünschten Verhaltens von Schülerinnen und Schülern ins Auge zu fassen.

5.3 Unterrichtshandeln von berufseinsteigenden Lehrpersonen

Welche Herausforderungen ergeben sich für das Unterrichtshandeln von Lehrpersonen, die neu in den Beruf einsteigen und im Gegensatz zu ihren Kolleginnen und Kollegen noch kaum Expertise in der Bewältigung komplexer Unterrichtssituationen aufweisen?

In der Fachliteratur wird der Einstieg in den Lehrberuf oft als »Praxisschock« umschrieben (z. B. Stokking, Leenders, de Jong & van Tartwijk, 2003). Zimmermann und Klusmann (2016) weisen allerdings darauf hin, dass die empirische Befundlage zu erhöhten Belastungserleben beim Einstieg in den Lehrberuf weitaus weniger klar sei, als dies die Diskussion um den Praxisschock glauben mache. Es kann aber trotzdem vermutet werden, dass insbesondere das Handeln in komplexen sozialen Situationen eine besondere Herausforderung für Berufseinsteigende darstellt. Im Gegensatz zu erfahren Lehrpersonen können Novizen in der Steuerung sozialer Prozesse weitaus weniger auf eingeübte und bewährte Handlungsmuster zurückgreifen. In Befragungen nennen Berufseinsteigende die Aufrechterhaltung von Disziplin und die Etablierung positiver Lehrer-Schüler-Beziehungen als vordringliche Herausforderungen beim Berufseinstieg (De Jong, Mainhard et al. 2014; Fuller & Bown, 1975; Ghaith & Shaaban, 1999; Liston, Withcomb & Borko, 2006). Ähnlich kommt Veenman (1984) in einer Überblicksstudie zum Schluss, dass junge Lehrpersonen am Anfang ihrer Berufstätigkeit vor allem durch die Disziplin im Klassenzimmer, die Aufrechterhaltung der Motivation der Schülerinnen und Schüler, Probleme mit der Differenzierung wegen der großen Unterschiedlichkeit der Kinder, die Leistungsbeurteilung und das Verhältnis zu den Eltern herausgefordert sind. In einer Studie von Kyriacou und Sutcliffe (1978) empfanden jüngere und unerfahrenere Lehrpersonen schwierige Klassen und Disziplin zu wahren anstrengender als erfahrene Lehrpersonen.

Alle genannten Bereiche stellen hohe Anforderungen an das Lehrerhandeln. Die Novizen sind folglich mit komplexen sozialen Situationen konfrontiert. Gleichzeitig fehlen ihnen die Erfahrung und bewährte Handlungsmuster, um diese Anforderungen leicht und flüssig zu bewältigen. Als erschwerender Faktor erweist sich zudem, dass viele Berufsanfängerinnen und Berufsanfänger eine wertschätzende Beziehung und die Aufrechterhaltung von Disziplin als Widerspruch an sich empfinden (De Jong, Mainhard et al., 2014; McLaughlin, 1991; Weinstein, 1998). Damit unterliegen viele Novizen einem Irrtum. Eine Lehrperson muss sich nicht entweder für eine gute Beziehung oder für Disziplin entscheiden. Denn eine vertrauensvolle, warme Beziehung und eine klare Klassenführung schließen sich keineswegs aus. Sie ergänzen sich wechselseitig und bilden die Grundlage für eine erfolgreiche, störungsarme Unterrichtsgestaltung.

Eine weitere Herausforderung für Novizen besteht darin, dass ihr Unterrichtshandeln noch nicht so flüssig verläuft wie jenes von erfahrenen Lehrpersonen. Novizen wenden häufiger starre Regeln an, ohne die Gesamtsituation zu berücksichtigen, während erfahrene Lehrpersonen intuitiver und flüssiger handeln (▶ Tab. 3).

Tab. 3: Intuition und Expertise (Benner, 1984; Dreyfus & Dreyfus, 1988).

1.	Novize	Starre Anwendung von Regeln ohne Bezug auf die Gesamtsituation
2.	Fortgeschrittene Anfänger	Wahrnehmen von Ähnlichkeiten zwischen erfahrenen Situationen
3.	Kompetenz	Hierarchisch geordnete Entscheidungsprozeduren (Prioritäten) und gefühlsmäßige Beteiligung
4.	Gewandtheit	Holistisches Erkennen von Ähnlichkeiten. Intuitive Fähigkeit Muster zu nutzen
5.	Expertise	Schnelle, flüssige und mühelose Leistung. Besonnene abwägende Rationalität

5 Handeln im Unterricht

Dieser Unterschied zeigt sich nicht nur im Handeln, sondern auch im Wissen. Das Wissen von erfahrenen Lehrpersonen ist reichhaltiger und differenzierter als das von Novizen (Dreyfus & Dreyfus, 1988). Sie wissen mehr über spezifische Merkmale der Unterrichtssituation und ihr Wissen ist besser organisiert. Sie wissen mehr über ihre Schülerinnen und Schüler, vorausgegangenes Schülerverhalten, ihre eigenen Kognitionen und Emotionen und äußere Faktoren. Ihr Wissen ist zudem leichter und schneller zugänglich und kann flexibler genutzt werden als jenes von Novizen (Schweer, 2017; Wettstein, 2013b). Erfahrene Lehrpersonen handeln oft intuitiv. Intuition ist nach Gigerenzer (2007; 2008) gefühltes Wissen, das rasch im Bewusstsein auftaucht, dessen tiefere Gründe uns nicht bewusst sind und das dennoch stark genug ist, um danach zu handeln. Perrig (2000) definiert Intuition aus kognitionspsychologischer Sicht als Kombination automatischer, unbewusster Kontrolle und bewusster kontrollierter Prozesse. Intuition ist eine Funktion von Bewusstsein auf der Basis von Prozessen, die selber nicht Objekt von Bewusstsein sind und auf Ahnungen, vagen Hypothesen oder phänomenologischen Erfahrungen wie dem Gefühl der erlebten Vertrautheit oder der Leichtigkeit beruht. Nach Perrig (2006) verbinden sich Formen des expliziten Wissens mit impliziten Formen des Erfahrungsaufbaus:

> »Reflexartiges, automatisiertes und prozedurales Handeln sind zusammen mit subjektiv herausgebildeten Theorien in der eigenen Sinneserfahrung quasi in Fleisch und Blut verwoben und bilden damit mächtige Determinanten im Handlungsfeld alltäglichen und beruflichen Handelns« (Perrig, 2006, S. 53).

Berufseinsteigende handeln weniger intuitiv und wenden Regeln oft starr an, ohne die Merkmale der Gesamtsituation zu berücksichtigen. Erst mit zunehmender Erfahrung werden Ähnlichkeiten zwischen erfahrenen Situationen wahrgenommen und hierarchisch geordnete Entscheidungsprozeduren eingesetzt. Expertinnen und Experten erkennen schließlich scheinbar mühelos und holistisch Ähnlichkeiten und nutzen intuitiv Muster, ohne diese in Komponenten zu zerlegen. Ihr Können ist so sehr Teil ihrer Person geworden, dass sie sich dessen nicht bewusst sein müssen. Ihr Handeln wird flüssig und schnell.

Bei wichtigen Entscheidungen wägen auch Expertinnen und Experten ab, bedenken ihre Intuition kritisch und überlegen, bevor sie handeln.

> »Distanzierte Überlegung und Intuition sind nicht zwangsläufig Gegensätze [...]. Angemessen kombiniert, bilden sie ein produktives Team« (Dreyfus & Dreyfus, 1988, S. 217).

Expertinnen und Experten handeln weder rein induktiv noch rein deduktiv. Sie handeln – mit Peirce (1960, CP 5.181) ausgedrückt – abduktiv. Abduktion ist ein Akt der Einsicht, der verschiedene Elemente der Hypothese zusammenbringt und blitzartig die neue Vermutung in unserer Kontemplation aufleuchten lässt. Dieser Prozess ist nicht kontrollierbar und infolgedessen nicht völlig bewusst.

5.4 Zusammenfassung

In diesem Kapitel haben wir aufgezeigt, wie Lehrpersonen im Unterricht handeln. Lehrpersonen stehen im Unterricht vor einer großen Herausforderung. Sie müssen sich in einer komplexen Umgebung zurechtfinden und innerhalb von Sekunden Entscheidungen treffen. Dabei haben sie oft keine Zeit, rational und bewusst zu entscheiden. Lehrpersonen handeln unter Zeitdruck nicht immer zielgerichtet, geplant und bewusst, sondern oft unbewusst und automatisch. Solche Routinehandlungen und Affekthandlungen können zwar die Aufmerksamkeit der Lehrpersonen entlasten. Gleichzeitig ist damit aber auch die Gefahr verbunden, dass Lehrpersonen in schwierigen Unterrichtssituationen unbewusst, emotional und stereotyp mit Druck und Strafe auf unerwünschtes Schülerverhalten reagieren und dadurch unter Umständen zu einer Eskalation einer Störung beitragen. Schließlich haben wir die Frage diskutiert, welche

Herausforderungen sich für das Unterrichtshandeln von Lehrpersonen, die neu in den Beruf einsteigen, ergeben. Dabei haben wir gesehen, dass erfahrene Lehrpersonen eher intuitiv handeln, während Berufseinsteigende oft starr Regeln anwenden, ohne die Merkmale der Gesamtsituation zu berücksichtigen.

6

Unterrichtsstörungen als Belastung

Unterrichtsstörungen bilden einen der Hauptrisikofaktoren für die Lehrergesundheit, denn sie können bei Lehrpersonen Stress auslösen. Darüber hinaus wirken sich Unterrichtsstörungen auch ungünstig auf die Unterrichtsqualität und das Belastungserleben der Schülerinnen und Schüler aus.

In diesem Kapitel gehen wir der Frage nach, wie belastet Lehrpersonen im Vergleich zu anderen Berufsgruppen sind (▶ Kap. 6.1). Weiter beschäftigen wir uns mit den Auswirkungen von Unterrichtsstörungen, insbesondere Stress auf die Gesundheit von Lehrpersonen. Stress wird dann erlebt, wenn eine Situation als unangenehm, bedrohlich oder überfordernd wahrgenommen wird. Günstige Faktoren für die Lehrergesundheit sind eine hohe Selbstwirksamkeitserwartung und ein hohes Arbeitsengagement (▶ Kap. 6.2). Wenn Lehrpersonen stark belastet sind, so hat dies auch Folgen für die Unterrichtsqualität und die Beziehung zu den Lernenden. Die verminderte Unterrichtsqualität kann schließlich auch die Motivation und Leistung der Schülerinnen und Schüler beeinträchtigen (▶ Kap. 6.3).

6.1   Belastung von Lehrpersonen

Lehrpersonen gelten generell als eine stark belastete Berufsgruppe. 10 bis 35 % der Lehrkräfte zeigen Befindlichkeitsstörungen im Sinne einer Burnout-Symptomatik (Lehr, Schmitz & Hillert, 2008). Sie fühlen sich emotional erschöpft, gleichgültig und nicht mehr leistungsfähig. Die hohen Prävalenzen scheinen alarmierend und es stellt sich die Frage, ob der Lehrerberuf im Vergleich zu anderen Berufen überdurchschnittlich hoch belastet ist.

Einige Autorinnen und Autoren kommen zu dem Schluss, dass der Lehrerberuf vermehrt mit gesundheitlichen Risiken verbunden sei als andere Berufe (Schaarschmidt & Kieschke, 2013; Sosnowsky-Waschek, 2013). Andere wiederum hinterfragen die höhere Lehrerbelastung durchaus auch kritisch. So weist Rothland (2009) darauf hin, dass Generalisierungen, welche die Lehrerschaft pauschal als höher belastet und daher als besonders leidend kennzeichnen, einer gesicherten empirischen Grundlage entbehren. Ähnlich vermutet Hillert (2013), dass die erhöhten Prävalenzen von Burnout-Diagnosen bei Lehrpersonen zwei Umständen zuzuschreiben sind. Zum einen würden Lehrpersonen von Ärztinnen bzw. Ärzten häufiger nach psychosozialen Belastungen und Burnout gefragt als etwa Verwaltungsbeamte, die über Rückenschmerzen klagen. Zum anderen seien Lehrpersonen gegenüber psychosomatischen Symptomen aufmerksamer als psychologisch weniger geschulte Berufsgruppen.

Schaarschmidt und Fischer (2008) befassen sich mit der Gesundheit von Lehrpersonen und unterscheiden vier arbeitsbezogene Erlebnis- und Verhaltensmuster:

- **Gesundheitstyp** (17 % der Lehrpersonen): Lehrpersonen mit deutlichem, jedoch nicht exzessivem Arbeitsengagement bei gleichzeitig erhaltener Distanzierungsfähigkeit, Ruhe und Ausgeglichenheit.
- **Schontyp** (23 % der Lehrpersonen): Dieser Typ wird durch ein geringes Arbeitsengagement, eine ausgeprägte Distanzierung zum Beruf und ein eher positives Lebensgefühl charakterisiert. Diese Lehrpersonen ziehen sich aus dem beruflichen Engagement zurück und messen der Familie sowie Freizeitaktivitäten eine hohe Bedeutung zu. Diese Schonhaltung gegenüber der Schule kann auch eine Reaktion auf als schwierig erlebte Arbeitsbedingungen und/oder ein belastendes Arbeitsklima sein. Insofern kann dieser Schonhaltung in einigen Fällen auch eine Schutzfunktion zukommen.
- **Risikotyp A** (29 % der Lehrpersonen): Dieses Muster charakterisiert Lehrpersonen mit überhöhtem beruflichem Engagement, geringer Distanzierungsfähigkeit, einem hohen Perfektionsstreben, welches jedoch gleichzeitig von negativen Emotionen begleitet wird. Diese Lehrpersonen sind zwar nicht burnoutgefährdet, weisen jedoch ein hohes Risiko für die Entwicklung koronarer Herzkrankheiten wie z. B. Herzinfarkt auf.
- **Risikotyp B** (30 % der Lehrpersonen): Lehrpersonen, welche burnoutgefährdet sind. Sie sind erschöpft, engagieren sich kaum mehr in ihrer Arbeit und resignieren.

Unter dem Aspekt der Lehrergesundheit sind die beiden erstgenannten Muster, der Gesundheits- und der Schontyp, unproblematisch. Rund 60 % der Lehrkräfte weisen jedoch ein Risikomuster des Belastungserlebens auf (Risikotypen A und B). In beiden Fällen können psychische Gefährdungen und Beeinträchtigungen vorliegen.

6.2 Auswirkung von Unterrichtsstörungen auf die Lehrergesundheit

Unterrichtsstörungen sind einer der größten Belastungsfaktoren für Lehrpersonen (Emmer & Stough, 2001; Friedman, 2006; Krause, 2004; Kyriacou, 2001) und eine Hauptursache für Lehrerburnout (Evers, Tomic & Brouwers, 2004; Schmid, 2003) sowie für einen frühzeitigen Berufsausstieg (Herzog, Herzog, Brunner & Müller, 2005; Lewis, Romi, Qui & Katz, 2005). Störungen im Unterricht scheinen Lehrpersonen besonders dann zu belasten, wenn sie mit Aggressionen einhergehen (Lehr, 2004).

Eine Studie zu Stress im Berufsalltag von Lehrpersonen (Kyriacou, 2001) zeigt, dass aus Sicht von Lehrpersonen Unterrichtsstörungen, mangelnde Motivation der Schülerinnen und Schüler sowie Probleme mit dem Aufrechterhalten von Disziplin im Klassenzimmer neben schulexternen Einflussfaktoren als Hauptrisikofaktoren für die Lehrergesundheit gelten. Unterrichtsstörungen, insbesondere in Kombination mit Zeitdruck und fehlenden Erholungspausen, erweisen sich als Prädiktor für negative Beanspruchungsfolgen wie emotionale Erschöpfung (Krause, 2004). Zudem deuten die Ergebnisse von Klassen und Chiu (2010) darauf hin, dass sich Lehrerinnen subjektiv stärker belastet fühlen als ihre männlichen Kollegen. Sie berichten von mehr Stress im Klassenzimmer und einer geringeren Selbstwirksamkeitserwartung hinsichtlich der Klassenführung.

> **Wie häufig treten Unterrichtsstörungen auf?**
> Störungen gehören zum Schulalltag. Unterricht verläuft nie völlig störungsfrei. Trotzdem führen Unterrichtsstörungen nicht zwangsläufig zu einer hohen Belastung einer Lehrperson. Sie werden dann zu einem Problem, wenn sie sehr gehäuft und/oder in intensiven Formen auftreten. Doch wie häufig treten Unterrichtsstörungen überhaupt auf? Nach Winkel (2005) wird der Unterricht

> alle 2,6 Minuten gestört. Tausch (1958) stellte fest, dass Lehrpersonen in der Grundschule durchschnittlich alle 1,7 Minuten wegen Unruhe in besonderer Weise erzieherisch tätig werden mussten, in der Sekundarstufe I nur noch alle 3,4 Minuten, dort v. a. wegen Desinteresse. Eine Beobachtungsstudie von Scherzinger, Wettstein und Wyler (submitted) zeigt, dass der Unterricht von Klassenlehrpersonen an fünften und sechsten Klassen pro Minute 1.22 mal durch Schülerinnen und Schüler und 2.4 mal pro Lektion durch die Klassenlehrpersonen gestört wird. Im Unterricht von Fachlehrpersonen finden sich 1.66 Schülerstörungen pro Minute, während Fachlehrpersonen 6.6 mal pro Lektion stören.

Unterrichtsstörungen belasten Lehrpersonen. Zu einem ähnlichen Schluss kommen auch Rothland und Klusmann (2012, S. 12) in einer Übersicht zur Belastung und Beanspruchung im Lehrerberuf:

> »Als Stressoren werden nahezu übereinstimmend Probleme in der Lehrer-Schüler-Interaktion wie Disziplinschwierigkeiten, auffällige oder unmotivierte Schüler und Unterrichtsstörungen aufgeführt (Blase, 1986; Boyle, Borg, Falzon & Baglioni, 1995; Byrne, 1999; Evers, Tomic & Brouwers, 2004; Hakanen, Bakker & Schauffeli, 2006; Kinnunen & Salo, 1994; Kyriacou, 1987; Tsouloupas, Carson, Matthews, Grawitch & Barber, 2010). [...] Entsprechend propagieren Maslach und Leitner (1999) die Lehrer-Schüler-Interaktion als wichtigsten Gegenstand der Beanspruchungsforschung bei Lehrkräften«.

Wir wenden uns nun dem Stresserleben von Lehrpersonen zu, dabei gehen wir sowohl auf das psychische Stresserleben wie auch physiologische Stressreaktionen des Körpers ein.

Stress bei Lehrpersonen

Unterrichtsstörungen können bei Lehrpersonen Stress auslösen. Stressreaktionen haben sich im Laufe der Evolution herausgebildet und bereiten den Körper auf gefährliche Situationen vor. Wenn eine Lehrperson das Gefühl hat, eine schwierige Unterrichtssituation nicht bewältigen zu können oder diese als Bedrohung erlebt, empfindet sie psychischen Stress und ihr Körper reagiert mit der Freisetzung von Hormonen wie Adrenalin und Noradrenalin, die den Organismus auf körperliche Leistung einstellen. Der Puls und der Blutdruck steigen, die Bronchien weiten sich und die Nebennierenrinde schüttet das Stresshormon Cortisol aus. Der Blutzuckerspiegel steigt an, die Verdauung wird zurückgefahren, es fließt weniger Blut in den Magen und der Mund wird trocken. Der Körper wird darauf vorbereitet, zu fliehen oder zu kämpfen.

> **Physiologische Stressreaktionen von Lehrpersonen**
> Eine Studie von Scheuch und Knothe (1997) zeigt, dass die Herzschlagfrequenz bei Lehrpersonen an Unterrichtstagen signifikant höher ist als an unterrichtsfreien Tagen. Die höchsten Werte wurden dabei allerdings vor dem Unterricht beobachtet. Auf emotional stressende Herausforderungen reagiert unser Körper mit der Ausschüttung des Stresshormons Cortisol (Rothland & Klusmann, 2012). In einer Studie konnte Bickhoff (2002) zeigen, dass nach Unterrichtsschluss der Cortisolspiegel nicht auf das Niveau von unterrichtsfreien Tagen absinkt. Er führt dies auf eine fortgesetzte gedankliche Beschäftigung mit den Problemen des Schulalltags über die Unterrichtszeit hinaus zurück.

Stress entsteht aus der Wechselwirkung zwischen den Anforderungen der Situation und der handelnden Person (Lazarus & Folkmann, 1984), d. h. wenn wir das Gefühl haben, herausfordernden Situationen nicht gewachsen zu sein (Rudow, 1994). Eine Lehrperson erlebt somit Stress, wenn sie eine Unterrichtssituation als bedrohlich wahrnimmt und glaubt, die schwierige Situation nicht bewältigen zu können.

Eine Stressepisode umfasst drei Schritte:

1. die subjektive Bewertung der Situation als bedrohlich
2. eine wahrgenommene fehlende Kontrolle über die Situation
3. fehlende wahrgenommene Stressbewältigungskompetenzen

Stress beschreibt somit die Beziehung zwischen einer Person und ihrer Umwelt, wobei die Anforderungen der Umwelt von der Person als bedrohlich und die eigenen Ressourcen übersteigend wahrgenommen werden.

Wenn im Schulalltag gelegentlich Stress auftritt, ist dies vorerst noch nicht schädlich. Das Problem beginnt dann, wenn Stress gehäuft und über längere Zeit auftritt. Beim chronischen Stress befindet sich der Körper in ständiger Alarmbereitschaft, wir sind zunehmend erschöpft und werden krank. So kann chronischer Stress auch bei Lehrpersonen längerfristig zu Gesundheitsproblemen führen.

> **Chronischer Stress belastet**
> Bellingrath, Rohleder und Kudielka (2010) untersuchten bei 180 Lehrpersonen im Alter von 23 bis 63 Jahren differentielle Stressmuster bei chronischem Arbeitsstress mit dem Ziel, Mechanismen der Entstehung stressbezogener Gesundheitsstörungen aufzudecken und psychologische und biologische Faktoren der individuellen Stressanfälligkeit zu identifizieren. Sie erfassten Ruheblutdruck und Körperfettanteil sowie Hormonmasse, Blutfette, Blutgerinnungswerte und immunologische Parameter. Die Ergebnisse deuten darauf hin, dass chronischer Arbeitsstress auch bei gesunden berufstätigen Lehrpersonen die Psyche und den Körper belastet.

Nicht jede Lehrperson reagiert gleich auf schwierige Unterrichtssituationen. Lehrpersonen bewerten Situationen unterschiedlich und verfügen über unterschiedliche Bewältigungsstrategien. Eine hohe Selbstwirksamkeitserwartung schützt vor Stress. Unter Selbstwirksamkeitserwartung wird dabei allgemein die Überzeugung verstanden, eine anstehende neue oder schwierige Aufgabe aufgrund der eigenen Kompetenz in allen Lebensbereichen erfolgreich bewältigen zu können und bringt damit eine optimistische Einschätzung der generellen Lebensbewältigungskompetenz zum Ausdruck (Schwarzer & Warner, 2011). Die Lehrerselbstwirksamkeit bezieht sich spezifisch auf die Überzeugung von Lehrpersonen, berufliche Anforderungen auch unter schwierigen Bedingungen bewältigen zu können (Abele & Candova, 2007). Eine hohe Selbstwirksamkeitserwartung ist deshalb die vielleicht wichtigste Ressource von Lehrperson im Umgang mit schwierigen Unterrichtssituationen (Schwarzer & Hallum, 2008).

Burnout

Wenn Lehrpersonen über längere Zeit hohen Belastungen ausgesetzt sind, kann sich chronischer Stress entwickeln, welcher die Lehrergesundheit gefährdet. Betroffene Lehrpersonen sind müde, nervös, schlecht gelaunt oder entwickeln sogar depressive Symptome (Delgrande, Kuntsche & Sidler, 2005). In einigen Fällen kann sich aus ungünstigen Belastungssituationen ein Burnout entwickeln. Ein Burnout ist durch drei Leitsymptome charakterisiert (Maslach & Leiter, 2008):

- Emotionale Erschöpfung: Betroffene fühlen sich von ihrer Arbeit ausgelaugt und erleben ein subjektives Gefühl von Energielosigkeit, Ohnmacht, körperlicher und geistiger Erschöpfung.
- Depersonalisation: Sie werden anderen Menschen gegenüber gleichgültig oder zynisch und nehmen diese als unpersönliche Objekte wahr.
- Subjektiv reduzierte Leistungsfähigkeit: Sie haben das Gefühl, die Probleme, die in ihrer Arbeit entstehen, nicht effektiv lösen zu können, reduzieren ihr Arbeitsengagement und fühlen sich durch ihre Arbeit nicht mehr persönlich erfüllt.

Der Begriff Burnout ist etwas irreführend. Burnout trifft nicht nur hochengagierte Lehrpersonen, welche für den Beruf »brennen« und schließlich ausgebrannt im Burnout landen. Ein hohes Engagement mit klarer Zielrichtung wirkt grundsätzlich protektiv. Wer sich für den Beruf begeistert, bleibt eher gesund (Schmitz et al., 2002; Wettstein, 2014a). Ein hohes berufliches Engagement und eine hohe Selbstwirksamkeitserwartung erhöhen die Berufszufriedenheit (Schwarzer & Warner, 2011) und schützen vor einem Burnout. Wer in seiner Arbeit engagiert ist und in ihr aufgeht, bleibt gesund. Problematisch ist jedoch ein hoher Arbeitseinsatz, wenn er gleichzeitig von negativen Emotionen begleitet wird.

> Lehrpersonen, die Gruppen verhaltensauffälliger Kinder und Jugendlicher unterrichten, weisen ein erhöhtes Burnout-Risiko auf und steigen bis zu sechsmal häufiger aus dem Beruf aus als Lehrpersonen, welche an Regelklassen unterrichten (Lawrenson & McKinnon, 1982). Lehrpersonen, welche die Risikogruppe verhaltensauffälliger Kinder und Jugendlicher unterrichten, drohen damit selber zu einer Risikogruppe zu werden (Emery & Vandenberg, 2010). Sie sind chronisch mit herausforderndem Schülerinnen- und Schülerverhalten konfrontiert, weisen eine geringere Arbeitszufriedenheit auf und erleben sich als weniger selbstwirksam (Biglan et al., 2013).

6.3 Folgen für den Unterricht und die Lernenden

Störungen im Unterricht belasten nicht nur Lehrpersonen, sondern auch Schülerinnen und Schüler. Unterrichtsstörungen reduzieren die aktive Lernzeit und somit profitieren die Schülerinnen und Schüler weniger vom Unterricht. Bennett und Smilanich (1995) haben berechnet, dass in Klassen, in welchen Lehrpersonen Störungen präventiv vorbeugen, nur 1 bis 3,5 % der Unterrichtszeit für Disziplinierung verwendet werden müssen. In Klassen, in welchen die Lehrpersonen erst spät auf Störungen reagieren, gehen 7 bis 18,5 % der Unterrichtszeit für die Disziplinierung verloren. Auf eine 12-jährige Schulzeit hochgerechnet, ergibt dies ein Verlust an Lernzeit von zwei Jahren.

Wenn Lehrpersonen dauerhaft Stress ausgesetzt und stark belastet sind, wirkt sich dies zudem negativ auf die Qualität ihres Unterrichts und auf die Beziehungsqualität zu den Lernenden aus (Maslach & Leiter, 1999). Lehrpersonen, die burnoutgefährdet sind, fördern nach Einschätzung der Schülerinnen und Schüler weniger stark die kognitive Selbstständigkeit, gehen im Unterricht oft zu schnell voran und werden als weniger interessiert und gerecht als gesunde Lehrpersonen eingeschätzt (Klusmann et al., 2006). Sie legen einen einseitigen Schwerpunkt auf die Wahrung eines störungsfreien Unterrichts und vermeiden die Risiken eines adaptiven, individualisierenden, kognitiv aktivierenden Unterrichts; dies geht jedoch langfristig zulasten der Instruktionsqualität. Zudem wirken sich negative Emotionen der Lehrperson ungünstig auf ihr Unterrichtsverhalten aus. Ärger und Angst der Lehrperson führen dazu, dass sie weniger kompetenzorientiert und weniger motivationsförderlich unterrichtet (Schweer, 2017). Schließlich wirken sich die Belastung der Lehrperson und die verminderte Unterrichtsqualität auch ungünstig auf die Motivation und die Leistung der Schülerinnen und Schüler aus (Klusmann et al., 2016). Beispielsweise führt eine emotionale Erschöpfung von Lehrpersonen zu schlechteren schulischen Leistungen der Schülerinnen und Schüler.

Lehrpersonen, die emotional erschöpft sind und sich innerlich zurückziehen, sind zudem nicht mehr in der Lage, die Klasse angemessen zu führen, eine positive Klassenkultur aufzubauen und schwächere Schülerinnen und Schüler zu schützen (Wettstein, 2008). Somit können in Klassen Peernormen entstehen, in welchen störendes Verhalten nicht mehr zu negativen Rückmeldungen der Gleichaltrigen führt, sondern als »cool« angesehen wird (Wettstein, 2014b). In solchen Fällen kostet es sehr viel Energie, wieder eine positive Klassenkultur zu etablieren.

Insgesamt führt die Überforderung von Lehrpersonen im Umgang mit schwierigen Unterrichtssituationen zu einer reduzierten Unterrichtsqualität, Zynismus, einem schlechten Klassenklima und zu belasteten sozialen Beziehungen (Schweer, 2017).

6.4 Zusammenfassung

Im Fokus dieses Kapitels stand die Frage, wie belastet Lehrpersonen sind und inwieweit Unterrichtsstörungen sich ungünstig auf die Lehrergesundheit auswirken können. Wir haben gesehen, dass Lehrpersonen allgemein als eine stark belastete Berufsgruppe gelten. Rund 10 bis 35 % der Lehrpersonen leiden unter massiven Befindlichkeitsstörungen im Sinne einer Burnout-Symptomatik. Als besonders belastend erleben Lehrpersonen Störungen im Unterricht. Diese können Stress auslösen und längerfristig die Lehrergesundheit belasten.

Wenn Lehrpersonen durch Unterrichtsstörungen stark belastet sind, wirkt sich dies nicht nur ungünstig auf ihre Gesundheit, sondern auch auf die Qualität ihres Unterrichts und die Beziehung zu den Lernenden aus. Schließlich führen die Belastung der Lehrperson und die verminderte Unterrichtsqualität zu einer verminderten Motivation und schlechteren schulischen Leistung bei den Schülerinnen und Schülern.

Als wichtigste Schutzfaktoren für die Lehrergesundheit erweisen sich eine hohe Selbstwirksamkeitserwartung und ein hohes Arbeitsengagement der Lehrperson. Es ist wichtig, dass Lehrpersonen in ihrem Beruf gesund bleiben. Denn nur gesunde Lehrpersonen können einen anregenden Unterricht gestalten und die Schülerinnen und Schüler angemessen fördern.

7

Psychische Bewältigung bei Unterrichtsstörungen

In Kapitel 6 ging es um die Belastung von Lehrpersonen durch Unterrichtsstörungen. In diesem Kapitel zeigen wir nun auf, welche psychologischen Prozesse bei Lehrpersonen ablaufen, wenn sie versuchen, belastende Ereignisse psychisch zu bewältigen. Bewältigung bezeichnet die Art, wie wir mit schwierigen Ereignissen umgehen und versuchen, diese zu überwinden. Dabei unterscheiden wir funktionale Bewältigungsstrategien, die Probleme lösen, und dysfunktionale Strategien, welche nicht zu einer Problemlösung beitragen (▶ Tab. 4).

In einem ersten Teil dieses Kapitels wenden wir uns in Anlehnung an verschiedene Studien (Grimm, 1993; Janke, Erdmann & Kallus, 1997; Lehr, Schmitz und Hillert, 2008; Wettstein, 2008) funktionalen

Tab. 4: Funktionale und dysfunktionale Bewältigungsstrategien

Funktionale Strategien	Dysfunktionale Strategien
Problem durch Lehrperson veränderbar	Rückzug, Resignation oder Vermeidung
• Aktiv nach einer Lösung suchen • Aufsuchen sozialer Unterstützung	• Störungen ignorieren • Störungen verleugnen • Ständiges grübeln, aber nichts tun • Resignation • Soziale Abkapselung • Innere Distanzierung
Problem durch Lehrperson kaum veränderbar	Pathologisierung und aggressive Strategien
• Aufsuchen positiver Erlebensinhalte • Die Situation in einem neuen Licht sehen • Sich mit der Situation abfinden	• Pathologisierung von Schülerinnen und Schülern • Steuerungsbezogene Kommunikation/ Steuerungsmonologe • Autorität durch Gewalt ersetzen

Bewältigungsstrategien zu (▶ Kap. 7.1). Dabei werden wir zeigen, dass der Erfolg einer bestimmten Bewältigungsstrategie davon abhängt, mit welcher Art von Problemen wir es zu tun haben. Denn es gibt nicht die eine optimale Strategie, welche in allen Situationen hilft. Die Wahl einer Strategie sollte der Situation angepasst sein. In Situationen, welche potenziell veränderbar sind, bewähren sich Strategien, mit denen Lehrpersonen versuchen, die Situation aktiv neu zu gestalten. In Situationen, bei welchen Lehrpersonen kaum etwas verändern können, kann es hilfreich sein, die Situation in einem neuen Licht zu sehen und sich mit der Situation abzufinden. In einem zweiten Teil diskutieren wir dysfunktionale Strategien, welche die Probleme nicht lösen, sondern oft noch verschärfen (▶ Kap. 7.2). Lehrpersonen gelingt es leider nicht immer, Störungen im Unterricht erfolgreich zu bewältigen, da sie auf ungünstige Bewältigungsstrategien zurückgreifen (Wettstein, 2008; Wettstein et al., 2013).

7.1 Funktionale Strategien

Funktionale Strategien sind psychische Bewältigungsstrategien, die sich im Umgang mit belastenden Situationen bewähren und die Lehrperson darin unterstützen, Probleme langfristig zu lösen. Dabei wird unterschieden, ob ein Problem für die Lehrperson grundsätzlich veränderbar ist, oder ob das Problem einen Bereich betrifft, auf den die Lehrperson kaum Einfluss nehmen kann (▶ Tab. 4). Je nach Problem gelten unterschiedliche Strategien als funktional.

Aktiv nach einer Lösung suchen

Problem-fokussierende Bewältigung zielt auf die Lösung eines Problems ab und versucht die Belastung zu reduzieren. Diese Strategie bewährt sich bei Problemen, die grundsätzlich veränderbar sind. Eine bewährte Strategie ist es, Belastungssituationen systematisch zu analysieren und einen Plan für eine Entlastung zu erarbeiten (Janke, Erdmann & Kallus, 1997). Im Idealfall versteht die Lehrperson Störungen als Hinweise darauf, wie sie ihren Unterricht positiv verändern kann (Grimm, 1993; Wettstein, 2008). Lehrpersonen, welche Schwierigkeiten aktiv angehen, erleben belastende Unterrichtssituationen wohl in vergleichbarem Maß wie andere Lehrkräfte, interpretieren diese aber als Herausforderung, weil sie diese als kontrollierbar wahrnehmen. Sie analysieren also die Probleme, suchen aktiv nach Lösungen und unterscheiden sich damit von Lehrpersonen, die z. B. mit ständigem Nachdenken und Grübeln reagieren (▶ Kap. 7.2).

Aufsuchen sozialer Unterstützung

Auch das Aufsuchen sozialer Unterstützung erweist sich in der Regel als funktionale Bewältigungsstrategie (Chan & Hui, 1995; Innes & Kitto, 1989; Long & Gessaroli, 1989; Needle, Griffin & Svendsen, 1981; Schaarschmidt, 2004). Manche Lehrpersonen sehen sich im Umgang mit schwierigen Unterrichtssituationen als Einzelkämpferinnen und

Einzelkämpfer und vergessen, dass sie nicht alleine, sondern in einem Team arbeiten. Idealerweise arbeiten Lehrpersonen in einem Umfeld, in dem Probleme im Team offen angesprochen werden können und durch die Zusammenarbeit mit anderen Lehrpersonen, Sonderpädagoginnen und Sonderpädagogen, der Schulleitung oder dem schulpsychologischen Dienst gelöst werden.

Sowohl die *aktive Suche nach einer Lösung* wie auch das *Aufsuchen sozialer Unterstützung* bewähren sich vor allem bei Problemen, auf die Lehrpersonen grundsätzlich Einfluss nehmen können. Doch manchmal sind Lehrpersonen auch mit Problemen konfrontiert, die sich ihrem Einflussbereich weitgehend entziehen. So hat eine Lehrperson beispielsweise nur einen begrenzten Einfluss auf eine akute, belastende Familiensituation eines Kindes, welche dazu führt, dass das Kind den Unterricht häufiger stört. In solchen Fällen kann es sinnvoll sein, wenn die Lehrperson alternative Bewältigungsstrategien anwendet und versucht, die Belastung dadurch zu mildern, indem sie *positive Erlebensinhalte aufsucht,* die *Situation in einem neuen Licht sieht* oder sich *mit der Situation abfindet.*

Aufsuchen positiver Erlebensinhalte

Emotions-fokussierende Bewältigung richtet sich auf die Regulation negativer Emotionen. Hier wird das Problem zwar nicht gelöst, jedoch eine fortdauernde Beschäftigung mit negativen Emotionen unterbunden. Es ist wichtig, dass sich die Lehrpersonen nach dem Unterricht auch mal erholen können und sich nicht fortwährend weiter gedanklich mit schwierigen Unterrichtssituationen auseinandersetzen. Indem sich Lehrpersonen auch etwas gönnen und sich nach dem Unterricht Aktivitäten zuwenden, die positive Emotionen auslösen, kann die Dauer eines negativen Erlebenszustandes begrenzt werden (Janke, Erdmann & Kallus, 1997). Für die eine Lehrperson ist dies vielleicht eine sportliche Aktivität, für die andere ein Treffen mit Freundinnen und Freunden oder eine Entspannungsübung.

Die Situation in einem neuen Licht sehen

Kognitive Bewältigungen sind Versuche, Probleme durch positive zeitliche und soziale Vergleiche oder günstige Umdeutungen die Situation in einem neuen Licht zu sehen. Hier stellt man sich als Lehrperson die Frage: Kann ich der belastenden Situation etwas Positives abgewinnen? Eine Lehrperson ärgert sich wiederholt über eine Schülerin, die ihre Antworten in die Klasse ruft. Sie empfindet dieses Verhalten als respektlos. Durch eine Umdeutung gelingt es ihr, dem unerwünschten Verhalten auch positive Aspekte abzugewinnen. Eine Neuinterpretation könnte beispielsweise lauten, dass die Schülerin interessiert ist und sich am Unterricht beteiligen möchte, dies aber in einer ungünstigen Weise tut.

Sich mit der Situation abfinden

Diese Strategie bewährt sich insbesondere bei Problemen, die sich weitgehend dem Einfluss der Lehrperson entziehen. Hier kann es durchaus sinnvoll sein, die belastende Situation umzudeuten, ihr einen Sinn beizumessen mit dem Ziel, die Problemsituation so zu akzeptieren, wie sie ist, und sich mit ihr abzufinden. Im Gegensatz zur dysfunktionalen Strategie ›Ständiges Grübeln‹ (▶ Kap. 7.2) gelingt es hier, negative Gefühle zu regulieren (Grimm, 1993).

Zusammenfassend können wir feststellen, dass die bisher diskutierten Bewältigungsstrategien positiv für die gesundheitliche Anpassung an Belastungssituationen im Lehrerberuf sind. Problemlösende Bewältigungsstrategien sind deshalb hilfreich, weil sie auf eine Veränderung der belastenden Situation selbst abzielen. Für Probleme, die sich dem Einfluss der Lehrperson weitgehend entziehen, kann es auch förderlich sein, negative Emotionen in nicht veränderbaren Situationen tolerieren zu können. Derartige »Nehmerqualitäten« könnten sich im Umgang mit wenig veränderbaren Situationen, z. B. tief greifenden Verhaltens- oder Aufmerksamkeitsstörungen von Schülern, als funktional erweisen. Lehrpersonen müssen also ihre Bewältigungsstrategien den Merkmalen der jeweiligen Situation anpassen und je nachdem, ob die Situation durch sie beeinflussbar ist oder nicht, auf andere Strategien zurückgreifen. Solch flexibel-kompensierende Bewältigungsstrategien ermöglichen es der Lehrperson, auf die unterschiedlich beeinflussbaren Belastungssituationen im Lehrerberuf flexibel durch Gestaltung oder aber Akzeptanz zu reagieren (Lehr, Schmitz & Hillert, 2008).

7.2 Dysfunktionale Strategien

Dysfunktionale Strategien sind ungünstige psychischen Bewältigungsversuche, die Probleme nicht lösen, sondern in manchen Fällen sogar noch verschärfen. Zu den dysfunktionalen Strategien zählen wir die beiden übergeordneten Muster Rückzug und Aggression. Im Fall des Rückzugs wendet sich die Lehrperson von der Problemsituation ab, ohne diese jedoch zu lösen. Im Fall der Aggression begegnet die Lehrperson der Problemsituation mit Strategien, welche das Problem nur noch weiter verschärfen und zu einer Eskalation beitragen können. Weder innerer Rückzug, Resignation oder Vermeidung noch negative Zuschreibungen und aggressive Strategien sind deshalb hilfreiche Strategien zur Beanspruchungsreduktion (▶Tab. 4) (Griffith, Steptoe & Cropley, 1999; Lehr, 2004; Pierce & Molloy, 1990; Schaarschmidt, 2004).

Störungen ignorieren

Einige Lehrpersonen nehmen Störungen nicht wahr, obwohl sie im Unterricht zahlreichen Unterrichtsstörungen ausgesetzt sind (Wettstein, 2008). Eine Studie zur Klassenführung von Makarova, Schönbächler und Herzog (2014) zeigt, dass Schülerinnen und Schüler das Störungsausmaß generell höher einschätzen als ihre Lehrkräfte. Besonders groß werden diese Divergenzen im stark gestörten Unterricht. Während hier Lehrpersonen aufgrund fehlender Problemeinsicht kaum Störungen berichten, nehmen die Schülerinnen und Schüler das Störungsausmaß als besonders drastisch wahr. Diese Diskrepanzen in der Wahrnehmung zwischen Lehrpersonen und Schülerinnen und Schülern steigen mit dem Störungsausmaß. Hier stellt sich die Frage, weshalb die Lehrpersonen die Unterrichtsstörungen nicht als solche wahrnehmen. Dies kann auf eine normalisierende Problemwahrnehmung und/oder auf eine hohe Reizschwelle zurückgeführt werden. Einige Lehrkräfte verfügen über eine sehr hohe Reizschwelle und dulden störendes Schülerverhalten. Es sind keine äußerlichen Anzeichen erkennbar, dass die Unterrichtssituation von der Lehrperson als belastend erlebt wird. Auf Nachfrage erklären die Lehrkräfte, die Lektion sei bestens verlaufen. Eine reduzierte Problemwahrnehmung kann für eine Lehrperson kurzfristig selbstwertstützend sein und kurzfristig eine rasche Fortführung des Unterrichts ermöglichen. Mittel- und langfristig ist allerdings eher davon auszugehen, dass sich eine verminderte Problemwahrnehmung der Lehrperson negativ auf die Unterrichtsqualität auswirkt.

Störungen verleugnen

Bei einigen Lehrpersonen gibt es deutliche Anzeichen, dass sie die Störungen wahrnehmen. Ihre Mimik und ihr Handeln deuten darauf hin, dass sie die Störungen belasten. Werden sie auf die Störungen in ihrem Unterricht angesprochen, so verleugnen sie diese allerdings. Sie vermeiden kognitive Dissonanz, um ihren Selbstwert (»Ich bin eine gute Lehrperson«) zu schützen. Nach Festinger (1957) sind wir bemüht, kognitive Dissonanz möglichst zu vermeiden. Das Vorhandensein von Dissonanz wird als unangenehmer Spannungszustand erlebt. Menschen empfinden Informationen, die mit ihren Vorstellungen übereinstimmen als angenehm und suchen diese daher aktiv auf, während sie dissonante Informationen meiden. Die Folge des geschilderten Verhaltens ist die selektive Wahrnehmung von Informationen. Deshalb werden alle neuen Informationen, die zu den eigenen Vorstellungen in Widerspruch stehen, tendenziell abgewertet, während alle konsonanten Informationen tendenziell aufgewertet werden. Erst wenn die durch die Dissonanz erzeugte innere Spannung zu groß wird, ändert das Individuum seine Meinung, um so Erfahrung und Entscheidung wieder zur Konsonanz zu bringen.

Ständiges Grübeln, ohne etwas zu tun

Andere Lehrpersonen setzten sich dagegen gedanklich intensiv mit Unterrichtsstörungen auseinander. Sie tun dies aber in einer Weise, die für eine Bewältigung wenig hilfreich ist. Sie grübeln, wälzen Probleme, entwickeln Schuldgefühle, aber sie kommen zu keiner Lösung und verändern nichts an der Situation. Übermäßiges Grübeln kann schließlich dazu führen, dass die Lehrperson kaum mehr Schlaf findet und so ihre Konzentration, Aufmerksamkeit und Merkfähigkeit eingeschränkt wird. Damit verändert sich weder die problematische Situation noch entstehen Ausgangspunkte für Handlungsentwürfe (Grimm, 1993). Grübelnde-selbstisolierende Bewältigungsmuster verschärfen die Probleme, statt sie zu lösen. Lehrpersonen, die diesem Bewältigungstyp angehören, weisen fünfmal häufiger eine durch Therapeutinnen und Therapeuten diagnostizierte psychische Störung auf als die anderen Gruppen (Lehr, Schmitz & Hillert, 2008).

Resignation

Einige Lehrpersonen ziehen sich nach mehrmaligen erfolglosen Bewältigungsversuchen resigniert zurück. Sie begegnen Belastungssituationen mit Aufgeben, Gefühlen der Hoffnungslosigkeit und Hilflosigkeit (Janke, Erdmann & Kallus, 1997). Sie reagieren kaum mehr auf Störungen und scheinen nur noch physisch präsent. Dadurch sind schwächere Schülerinnen und Schüler nicht mehr vor Übergriffen durch andere Schülerinnen und Schüler geschützt (Wettstein, 2008). Nach Grimm (1993) erleben Resignierte belastende Unterrichtssituationen als unkontrollierbar. Sie beschuldigen sich selbst und schreiben Misserfolge der eigenen Person zu, was sie unzufrieden macht. Ihre Bewältigungsversuche bestehen in ständigem Nachdenken, als einer selbstbezogenen, defensiven und kognitiven Strategie.

Soziale Abkapselung

Manche Lehrpersonen gehen dem Kontakt mit den anderen zunehmend aus dem Weg, sie ziehen sich zurück und isolieren sich so selber (Janke, Erdmann & Kallus, 1997). Die soziale Isolation hat schwerwiegende Folgen. Zum einen erfahren die Betroffenen durch ihren sozialen Rückzug keine Unterstützung mehr und sehen sich als Einzelkämpferinnen und Einzelkämpfer alleine vor Problemen. Zum anderen können durch die soziale Isolation allfällige unrealistische Annahmen über die Unbeeinflussbarkeit von Belastungen nicht korrigiert werden. Sozial-isolierende Bewältigung erweist sich vermutlich nicht zuletzt deshalb als dysfunktional, weil unrealistische Annahmen über die Unveränderbarkeit von Belastungen nicht korrigiert werden können. Menschen mit sozial-isolierender Bewältigung sehen soziale Unterstützung nicht als normalen Teil der Teamarbeit, sondern sie sind überzeugt, dass das Empfangen von sozialer Unterstützung ein Zeichen von Schwäche und Unterlegenheit sei (Lehr, Schmitz & Hillert, 2008).

Innere Distanzierung

Andere Lehrpersonen wiederum distanzieren sich innerlich vom belastenden Schulalltag (Grimm, 1993). Für die Lehrperson mag diese Strategie vorerst noch funktional sein. Durch die innere Distanzierung zum Unterricht und zu den Schülerinnen und Schülern kann Stress reduziert werden. Die Lehrpersonen flüchten gedanklich aus der belastenden Situation, reduzieren ihren Aufwand für die Schule und wenden ihre Aufmerksamkeit privaten Freizeitaktivitäten zu. Diese Strategie kann durchaus auch als Versuch interpretiert werden, sich durch diese Schonhaltung vor einem Burnout zu schützen. Längerfristig führt diese Strategie aber zu einer Verschlechterung der Unterrichtsqualität und der Lehrer-Schüler-

Beziehung. Schmid (2003) wies bei Lehrpersonen von verhaltensauffälligen Kindern und Jugendlichen eine überdurchschnittlich ausgeprägte Schonhaltung nach.

Pathologisierung von Schülerinnen und Schülern

Nach einer Studie von Grimm (1993) fühlen sich 14,2 % der Lehrpersonen kaum verantwortlich für ihre Handlungsergebnisse, da sie Störungen vorwiegend den Schülerinnen und Schülern zuschreiben (Grimm, 1993). Störungen im Unterricht werden so einseitig Problemschülerinnen und Problemschülern zugeschrieben, ohne dass die Lehrperson eigene Anteile an (eskalativen) Interaktionsmustern reflektiert und sich auch nicht darum bemüht, ihren Unterricht störungspräventiv zu gestalten. Dabei besteht die Gefahr, dass die Lehrperson verhaltensauffällige Kinder und Jugendliche nicht mehr als Individuen, sondern als Störungskomplexe (»das ADHS-Kind«) wahrnimmt. Solche Stigmatisierungen durch die Lehrperson erweisen sich als Hauptrisikofaktor für die weitere Entwicklung eines Kindes oder Jugendlichen.

Steuerungsbezogene Kommunikation

Manche Lehrpersonen haben das Gefühl, die Kontrolle über die Klasse zu verlieren und greifen in Folge auf Steuerungsmonologe zurück (Wettstein, 2010). Sie unterbrechen ihre Lehr-Lern-Dialoge immer wieder und versuchen, die Situation durch Zurechtweisung (»Jetzt setzt du dich oder du kriegst eine Strafe«) oder durch Moralisieren (»Ihr habt einfach keinen Respekt«) in den Griff zu bekommen. Solche Bewältigungsversuche scheinen allerdings Störungen weiter zu verstärken (Wettstein, 2010). Folgendes Beispiel ist ein Auszug aus einer 24 Minuten dauernden Sequenz, in der eine Lehrperson versucht, die Klasse wieder in den Griff zu bekommen.

> »Gleich gibt's eine halbe Stunde Nachsitzen. Gut. Pst. Du bleibst auch noch länger da. Pst. Maria, setz dich wieder hin. Pst. Doch. Maria, setz sich wieder

richtig hin, oder du hast einen Strich. So. Gut. Andreas, nach vorne schauen. Pst. Sandra, räum dein Blatt weg, eins ... Sandra, mach schon. Sandra, räum dein Blatt weg. Rutsch ein bisschen rüber, komm. Und du gibst mir die Zettel. Pst. Also. Martin, an den Platz. Andreas, an den Platz. Andreas, an den Platz. An den Platz. Umdrehen. Hier, hier. An den Platz, Beat, jetzt aber ganz schnell. Geh an den Platz. An den Platz habe ich gesagt, aber sofort, Beat. Du hast eine halbe Stunde. Aber jetzt ganz schnell an den Platz. Hä. Jaja, Beat, du, du bist ein Lustiger. Jetzt setzt du dich an deinen Platz und ich höre gar nichts mehr. Pst. Da, die Sandra hat es auch noch nicht. Komm, abgeben. Abgeben, Beat. So. Gut. Also Andreas, setzen. Andreas, setzen, umdrehen. Maria. Pst. Halt den Kopf aufs Pult. Alle den Kopf aufs Pult. Alle den Kopf aufs Pult. Alle den Kopf aufs Pult. Willst du noch weiter mit dem Feuerzeug spielen und noch gleich eine Stunde bleiben? Ja? Das lässt sich schon einrichten. Setz dich Andreas, nein, nicht jetzt, nachher.«

Solche Steuerungsversuche lösen das Problem nicht, sondern verstärken das Off-task- und das aggressive Verhalten der Schülerinnen und Schüler weiter (Wettstein, Thommen & Eggert, 2010).

Autorität durch Gewalt ersetzen

Andere Lehrpersonen verstricken sich ungewollt in Eskalationen und schreien beispielsweise einen Schüler an: »Jetzt schrei nicht so laut!« Droht der Lehrperson die Autorität zu entgleiten, besteht vielleicht die Versuchung, die pädagogisch legitimierte Macht durch Gewalt (repressive Strafen, bloßstellen oder lächerlich machen von Schülerinnen und Schülern) zu ersetzen. Bei einer oberflächlichen Betrachtung kann man zum Schluss kommen, dass Repression ein sehr erfolgreiches Erziehungsmittel darstellt. Denn es löst innerhalb kürzester Zeit einen unmittelbaren und offensichtlichen Effekt auf die Klasse aus. Die eingeschüchterten Schülerinnen und Schüler werden still. Die Lehrperson fühlt sich entlastet und wird dies als Erfolg werten. Die repressive Maßnahme kann sich bei ihr als Leitidee einer erfolgreichen Intervention festsetzen und die Suche nach Alternativen blockieren (Nolting, 2017). Doch durch den Machtmissbrauch zerstört die Lehrperson den letzten Rest ihrer Autorität und ihrer Beziehung zu den Lernenden. Die kurzfristige Entlastung der Lehrperson führt längerfristig zu einer schlechteren Lehrer-Schüler-Beziehung, zu einer Abnahme der Lernmotivation und der schulischen Leistungen der Schülerinnen und Schüler.

7.3 Zusammenfassung

Wir haben uns in diesem Kapitel mit der Frage auseinandergesetzt, wie Lehrpersonen herausfordernde Situationen im Unterricht psychisch bewältigen. Dabei haben wir funktionale Bewältigungsstrategien, die Probleme lösen und dysfunktionale Strategien unterschieden, welche nicht zu einer Problemlösung beitragen.

Funktionale Bewältigungsstrategien zielen darauf ab, die Probleme aktiv zu lösen, soziale Unterstützung in Anspruch zu nehmen und sich nach dem Unterricht auch mal etwas Gutes zu gönnen. Dabei gibt es nicht die eine optimale Bewältigungsstrategie. Es geht vielmehr darum, dass Lehrpersonen lernen, in bestimmten Situationen mehrere Bewältigungsstrategien zu nutzen oder ihre Strategien in dem Maße zu wechseln, in dem auch die situationalen Anforderungen wechseln. Bei grundsätzlich veränderbaren Problemsituationen empfiehlt sich eine aktiv-problemlösende Strategie. In Bereichen, auf die die Lehrperson kaum Einflussmöglichkeiten hat, ist die Fähigkeit hilfreich, nicht veränderbare Situationen tolerieren zu können.

Als wenig hilfreich erweisen sich hingegen dysfunktionale Bewältigungsstrategien. Wir haben gesehen, dass einige Lehrpersonen ungünstig auf Störungen reagieren, indem sie diese ignorieren oder verleugnen und dadurch die Klasse nicht ausreichend führen. Ebenso wenig hilfreich sind ständiges grübeln, aber nichts zu tun, zu resignieren oder sich sozial abzukapseln. In einigen Fällen schreiben Lehrpersonen Störungen einseitig den Schülerinnen und Schülern zu, indem sie das Kind nicht mehr als Individuum, sondern nur noch als Träger einer Störung wahrnehmen (»Das aggressive

Kind«) oder versuchen, die Kontrolle über den Unterricht über minutenlange Steuerungsmonologe zurückzugewinnen oder gar die ihnen entgleitende Autorität durch Gewalt zu ersetzen/zurückzugewinnen.

II

Unterrichtsstörungen vorbeugen

>>Teachers make the difference.<<
(Hattie, 2013)

Die Hattie-Studie (2013) zeigt: »Teachers make the difference«. Lehrpersonen können viel bewirken. Bis zu 30 % der Unterschiede in den schulischen Leistungen von Schülerinnen und Schüler sind auf die Lehrperson zurückzuführen. Sie hat einen sehr großen Einfluss auf die kognitive, emotionale und soziale Entwicklung ihrer Schülerinnen und Schüler. Damit ist der Einfluss der Lehrperson größer als der Einfluss schulisch-struktureller Merkmale, welche nur 5 bis 10 % der Unterschiede in den schulischen Leistungen erklären. Demnach ist es für den Lernerfolg eines Kindes entscheidender, in welche

Klasse bzw. zu welcher Lehrperson es geht, als welche Schule es besucht. Die Art und Weise, in welcher die Lehrperson den Unterricht gestaltet, die Klasse führt und eine Lehrer-Schüler-Beziehung aufbaut, ist entscheidend.

Lehrpersonen unterschätzen zum Teil ihren Einfluss auf die Schülerinnen und Schüler. Das Allensbacher Institut fragte Lehrpersonen nach ihrer Bedeutung, wobei 8 % meinten, sie hätten wenig oder gar keinen Einfluss auf ihre Schülerinnen und Schüler und nur 8 % schrieben sich eine »sehr große« Bedeutung zu. Hattie (2013) kommt zum Schluss, dass eine formative Beurteilung, also eine Beurteilung, die auf individuellen Lernfortschritten jeder Schülerin bzw. jedes Schülers beruht, eine störungspräventive Klassenführung und ein gutes Lehrer-Schüler-Verhältnis große Effekte auf den Lernerfolg von Schülerinnen und Schülern haben.

Lehrpersonen kommt zudem auch eine tragende Rolle in der Prävention von Unterrichtsstörungen zu. Zwar liegen einige bedingende Faktoren von Störungen außerhalb des Einflusses der Lehrperson und sie kann weder genetische, kulturelle noch familiäre Ursachen beeinflussen. Lehrpersonen können in der Prävention und Intervention aber viel bewirken, wenn sie dort ansetzen, wo sie etwas verändern können: bei der Gestaltung eines störungspräventiven Unterrichts.

Während wir im ersten Teil des Buches Unterrichtstörungen aus einer verstehenden Perspektive beleuchtet haben, wenden wir uns nun im zweiten Teil des Buches der Prävention zu und zeigen auf, wie Lehrpersonen Unterrichtsstörungen durch diagnostische Kompetenz (▶ Kap. 8), eine gute Lehrer-Schüler-Beziehung und gute Beziehungen zwischen den Peers (▶ Kap. 9), Klassenführung (▶ Kap. 10) sowie eine anregende und störungspräventive Unterrichtsgestaltung (▶ Kap. 11) wirksam vorbeugen können.

8

Diagnostische Kompetenz

Lehrpersonen entwickeln sich durch die langjährige Unterrichtstätigkeit zu erfahrenen Beobachterinnen und Beobachtern. Beobachten bzw. eine differenzierte Wahrnehmung ist für Lehrpersonen wichtig, um Lehr-Lern-Prozesse adäquat einzuschätzen und die Schülerinnen und Schüler in ihrer kognitiven und psychosozialen Entwicklung zu fördern. Eine differenzierte Wahrnehmung ist weiter wichtig für die Einschätzung sozialer Prozesse (Herzog, 2006), und für eine erfolgreiche Klassenführung (Brophy 1999; Kounin, 2006). Eine gute Klassenführung erhöht wiederum die effektiv genutzte Lernzeit und damit den Lernerfolg.

Lehrpersonen können nur sinnvoll auf Störungen reagieren, wenn sie überhaupt merken, was im Unterricht abläuft. Da im Unterricht vieles gleichzeitig geschieht und Lehrpersonen stark gefordert sind, verlassen sie den Unterricht manchmal auch mit dem Gefühl »*Heute ist der Unterricht nicht gut verlaufen*«, ohne dass sie erkannt haben, was genau passiert ist, was die Störungen vermutlich ausgelöst hat und wie diese den weiteren Unterrichtsverlauf beeinflusst haben. Somit bleiben sie mit einem diffusen, unguten Gefühl zurück und sind aufgrund der fehlenden Informationen auch nicht in der Lage, Interventionen abzuleiten.

Unsere Wahrnehmung ist selektiv. Manchmal entgeht uns im Alltag Offensichtliches, selbst wenn es sich vor unseren Augen abspielt. In einer Studie zeigten Chabris und Simons (2011) ihren Probanden ein kurzes Video. Ihnen wurde dabei die Aufgabe gestellt, sechs Basketballspieler zu beobachten. Drei trugen weiße, drei schwarze T-Shirts und sie warfen sich jeweils gegenseitig den Ball zu. Die Aufgabe lautete, die Pässe der weiß gekleideten Spieler zu zählen. Da die Probanden sich darauf konzentrierten, die Pässe zu zählen, übersahen die meisten den Schauspieler im Gorillakostüm der mitten durchs Bild ging und sich dabei auf die Brust trommelte. Dieses Experiment von Chabris und Simons (2011) – der unsichtbare Gorilla – zeigt, wie selektiv unsere Wahrnehmung ist. Wenn man sich auf eine wichtige Aufgabe konzentriert, kann man »umgebungsblind« werden. Lehrpersonen sind im Unterricht sehr komplexen Situationen ausgesetzt, deshalb ist es nicht erstaunlich, wenn sie die eine oder andere Aktivität/Handlung im Unterricht übersehen.

Erfahrene Lehrpersonen haben in ihrer Unterrichtspraxis gelernt, ihren Blick schweifen zu lassen und die ganze Klasse im Auge zu behalten. Für eine Lehrperson ist es ein enormer Vorteil im Umgang mit Störungen, wenn sie erkennt, wie und wann sich Störungen entwickeln, die Motive, welche der Störung zu Grunde liegen, richtig einschätzen kann und auch reflektiert, inwieweit ihr eigenes Verhalten zu einer Auslösung, Prävention oder aber zu einer Verstärkung der Störungen beiträgt (Schweer, 2017).

In diesem Kapitel zeigen wir auf, weshalb es für Lehrpersonen entscheidend ist, Störungen differenziert wahrzunehmen (▶ Kap. 8.1), Störungen als Hinweise zu verstehen und alternative Interpretationen zu entwickeln (▶ Kap. 8.2). Eine gute Lehrperson ist dabei auch in der Lage, das eigene Verhalten in Interaktionen kritisch zu überdenken (▶ Kap. 8.3) und den eigenen Unterricht aus der Perspektive ihrer Schülerinnen und Schüler zu betrachten (▶ Kap. 8.4).

8.1 Störungen differenziert wahrnehmen

An einigen Klassen schätzen sowohl die Lehrperson als auch ihre Schülerinnen und Schüler den Unterricht als belastet ein. Das heißt allerdings noch nicht, dass die Lehrperson über eine differenzierte Problemwahrnehmung verfügt. Gerade in schwierigen Unterrichtssituationen sind Pädagoginnen und Pädagogen stark gefordert und nehmen Störungen oft undifferenziert wahr. Sie verlassen das Setting mit einem diffusen Gefühl, der Unterricht sei nicht gut verlaufen, ohne dass sie die Vorfälle konkret beschreiben oder benennen können. Aufgrund der fehlenden Informationen sind sie auch kaum in der Lage, effizient auf die Störungen zu reagieren und daraus für die Zukunft vorbeugende Maßnahmen abzuleiten.

Sowohl eine diffuse, eine zu späte wie auch eine dramatisierende Wahrnehmung von Unterrichtsstörungen erschweren eine wirkungsvolle Intervention der Lehrperson.

- Einige Lehrpersonen nehmen Störungen nur diffus wahr und kommen diesen nicht auf die Spur. Sie erahnen zwar vage eine Vielzahl von Störungen. Diese erscheinen ihnen jedoch nebelhaft, kaum lokalisierbar und undurchdringbar (z. B. gesteigerte Unruhe, die nicht zu verorten ist).
- Andere Lehrperson nehmen Störungen erst dann wahr, wenn sich diese bereits ausgeweitet haben oder eskaliert sind (z. B. wenn Lehrpersonen den Lernprozess der Schülerinnen und Schüler nicht im Blick haben und folglich auch nicht merken, wenn einzelne Schülerinnen und Schüler auf die Anforderungen mit Ausweichhandlungen reagieren).

- Wenige Lehrpersonen überschätzen das Störungsausmaß in ihren Klassen und dramatisieren ihre berufliche Situation. Dabei werden teilweise auch unauffällige Kinder und Jugendliche von der Lehrperson undifferenziert und stigmatisierend als »schwierig«, »auffällig« oder »gestört« beschrieben. Während solche negativen Etikettierungen für die Lehrperson durchaus eine selbstwertstützende Funktion haben können (»Ich führe eine schwierige Klasse«) und sie in ihrer Selbstdefinition als Krisenmanagerinnen und -manager bestärkt, wirken sich solche ungerechtfertigten Zuschreibungen negativ auf die betroffenen Schülerinnen und Schüler aus.

Eine effektive Prävention von Störungen im Unterricht kann durch geeignete diagnostische Instrumente zur Erfassung von Unterrichtsstörungen unterstützt werden (Helmke et al., 2011). Solche Systeme lenken den Blick der Lehrperson auf das relevante Verhalten und wirken gleichzeitig pauschalisierenden Urteilen (»Dieser Schüler stört immer«) entgegen.

Das Beobachtungssystem zur Analyse aggressiven Verhaltens in schulischen Settings BASYS (Wettstein, 2008)
Für den Bereich aggressiver Unterrichtsstörungen wurde das Beobachtungssystem zur Analyse aggressiven Verhaltens in schulischen Settings BASYS entwickelt (Wettstein, 2008). Mithilfe des Beobachtungssystems können Lehrpersonen aggressives Verhalten von Schülerinnen und Schülern differenziert wahrnehmen. Während des Unterrichtens erfassen die Lehrpersonen in Abhängigkeit von Merkmalen des schulischen Kontexts fünf Formen aggressiven Schülerverhaltens sowie eine Form von oppositionellem Verhalten. Mit der Identifikation problematischer Person-Umwelt-Bezüge werden die Wahrnehmungen der Lehrkräfte objektiviert und Grundlagen für die Förderdiagnostik und Interventionsplanung sowie für weiterführende Interventionen und Therapie geschaffen. Das Beobachtungsinstrument kann zudem in

> der Lehrerinnen- und Lehrerbildung für das Training eines differenzierten und reflexiven Umgangs mit aggressivem Verhalten und Störungen des Sozialverhaltens eingesetzt werden.

8.2   Störungen als Hinweise verstehen

»Könnten wir die Störung als Mitteilung des Schülers entschlüsseln, sprich verstehen, so könnten wir eine adäquate Antwort geben.«
(Hallberg, 1977, S. 276)

Wie eine Lehrperson in einer schwierigen Unterrichtssituation handelt, ist entscheidend davon abhängig, wie sie die Situation interpretiert. Lehrpersonen verfügen über unterschiedliche Maßstäbe und Deutungsmuster. Was die eine Lehrperson als humoristische Einlage interpretiert, gilt für eine andere Lehrperson bereits als schwerwiegende Störung (Humpert & Dann, 2012).

Damit Lehrpersonen Störungen als Hinweise verstehen können, ist es wichtig, dass sie die einzelnen Schülerinnen und Schüler kennen und verstehen, weshalb ein Kind so reagiert, wie es reagiert. Sie sind somit einem dualen Fokus verpflichtet, sie setzen sich im Unterricht einerseits mit der Klasse, andererseits mit einzelnen Individuen auseinander (Jackson, 1968). Je differenzierter wir Störungen im Unterricht wahrnehmen, je mehr wir uns darum bemühen, die Gründe für ein bestimmtes Verhalten zu verstehen, desto vielfältiger sind unsere Handlungsmöglichkeiten (Humpert & Dann, 2012). Dabei ist es hilfreich, Unterrichtsstörungen aus einer Vielzahl von Perspektiven zu beleuchten und zu erkennen, dass sich die Wirklichkeit oft nicht nur mit einer einzigen Theorie erklären lässt (Steins, 2014).

Störendes Verhalten von Schülerinnen und Schülern ist nicht bedeutungslos. Es ist wichtig, dass die Lehrperson versteht, weshalb eine Schülerin oder ein Schüler so handelt wie sie handelt (Montuoro & Lewis, 2015). Erfolgreiche Lehrpersonen sehen in störendem

Verhalten nicht in erster Linie einen potenziellen Belastungsfaktor. Jedes Verhalten hat einen Grund, auch wenn es auf den ersten Blick noch so unsinnig erscheinen mag. So kann z. B. ein Ausraster oder eine Schimpftirade eines Kindes oder Jugendlichen als Ausdruck schulischer Überforderung interpretiert und weniger als persönlicher Angriff gegen die Lehrperson gesehen werden. Deshalb ist es wichtig, dass die Lehrperson Hypothesen bildet, welche Gründe dem Verhalten der Schülerinnen und Schüler in der jeweiligen Situation zu Grunde liegen und v. a. auch nach positiven Interpretationen sucht.

Schülerinnen und Schüler stören den Unterricht aus unterschiedlichen Gründen (Schweer, 2017). Manche Schülerinnen und Schüler können ihre Aufmerksamkeit nicht kontrollieren oder reagieren aggressiv, weil sie eine Situation als bedrohlich wahrnehmen. Andere wiederum setzen gezielt und berechnend aggressives Verhalten ein, um ihre Ziele durchzusetzen. Einige Schülerinnen und Schüler stören, weil sie sich im Unterricht langweilen, andere sind überfordert und wehren schulische Aufgaben ab, um ihren Selbstwert vor einem befürchteten Misserfolg zu schützen. Schließlich suchen einzelne Schülerinnen und Schüler durch ihr störendes Verhalten auch Anschluss und Anerkennung bei den Gleichaltrigen.

Wenn es Lehrpersonen gelingt, Störungen nicht als persönliche Angriffe, die abgewehrt werden müssen, aufzufassen, sondern als Mitteilungen zu verstehen und produktiv zu nutzen, können sie souveräner mit Unterrichtsstörungen umgehen. Aus dieser Sicht sind Unterrichtsstörungen als Mitteilungen zu verstehen: dass der Unterricht langweilig und uninteressant ist, dass man ganz andere Lern-, Lebens- und Beziehungsprobleme hat, dass die Normen der Lehrperson fragwürdig sind, dass man zwar lernen möchte, aber eben andere Inhalte oder auf eine andere Art und Weise, dass einem der Sinn des schulischen Unterrichts fehlt usw.

Störungen eröffnen Veränderungsmöglichkeiten und sind Anstoß von Entwicklung – vorausgesetzt sie werden als Veränderungsimpuls zugelassen. Dies ist jedoch nur dann der Fall, wenn die gebotene Chance zur Veränderung auch wahrgenommen wird.

> **KTM kompakt. Basistraining zur Störungsreduktion und Gewaltprävention (Humpert & Dann, 2012)**
> Das modular aufgebaute Trainingsprogramm KTM kompakt ist ein Verfahren zur Störungsreduktion und Gewaltprävention auf systemtheoretischer Basis. Es kann schnell der jeweiligen Situation angepasst und umgesetzt werden. Das KTM kompakt hilft Lehrpersonen, schwierige Unterrichtssituationen zu verstehen und ihren Handlungsspielraum zu erweitern.

> **Verhaltensprobleme in der Schule: Lösungsstrategien für die Praxis (Molnar & Lindquist, 2013)**
> Die Autoren zeigen vor dem Hintergrund einer ökosystemischen Perspektive anhand von zahlreichen Beispielen, wie Lehrpersonen durch eine andere Sichtweise von Problemen im Unterricht Veränderungen bewirken können. Sie setzen dabei auf Umdeutungen von Problemsituationen und paradoxe Interventionen.

8.3 Das eigene Verhalten in Interaktionen kritisch überdenken

Es ist wichtig, dass Lehrpersonen ihr eigenes Verhalten in Interaktionen reflektieren und gegebenenfalls auch eigene Anteile an schwierigen Interaktionen erkennen.

Im Alltag bewegen wir uns täglich in sozialen Interaktionen und fokussieren dabei paradoxerweise primär auf individuelles Verhalten, insbesondere das der Schülerinnen und Schüler. Dies mag damit zu tun haben, dass wir uns in der sozialen Interaktion nicht selber sehen. Wir handeln in komplexen sozialen Situationen und sehen uns dabei weder selbst noch haben wir Zeit, unser Handeln in der aktuellen

Situation kritisch zu reflektieren. Dies führt dazu, dass wir unser eigenes Handeln nur allzu oft ausblenden und interaktionale Störungen vorzugsweise einseitig dem Gegenüber zuschreiben.

Lehrpersonen können durch ungeschickte Reaktionen ungewollt zu einer Ausweitung von Störungen beitragen. Es ist wichtig, dass Lehrpersonen ihr eigenes Verhalten in Störungssituationen immer wieder auch kritisch hinterfragen. Denn manchmal verstärkt ein ungünstiger Lösungsversuch der Lehrkraft das Problemverhalten noch, statt die Störung zu beheben.

> Die Lehrperson führt ein neues Thema ein. Die eine Hälfte der Klasse hört zu und beteiligt sich, die andere beteiligt sich nicht und sitzt passiv am Platz. Die Lehrperson unterbricht ihre Einführung ins Thema, fordert die Klasse zu mehr Beteiligung auf und ermahnt die passiven Schülerinnen und Schüler. Nun werden allerdings auch die zuerst noch aktiven Schülerinnen und Schüler unruhig.

Hier führt die eigentlich gut gemeinte Intervention der Lehrperson zu einer Ausweitung der Störung. Dies ist insbesondere dann problematisch, wenn die Ermahnungen der Lehrperson viel Unterrichtszeit beanspruchen oder aber einen moralisierenden Charakter annehmen.

8.4 Die Schülerperspektive einnehmen

Eine gute Lehrperson sieht den eigenen Unterricht mit den Augen ihrer Schülerinnen und Schüler (Hattie, 2013). Den Unterricht auch mal aus der Perspektive der Lernenden zu betrachten ist durchaus hilfreich. Wenn wir die Schülerperspektive besser verstehen, können wir bessere Lernumgebungen schaffen (Woolfolk Hoy & Weinstein, 2006). Für Lehrpersonen ist es entscheidend, ihre eigene Wahrnehmung des Unterrichts mit anderen Perspektiven abzugleichen, denn

»[...] ohne den Abgleich mit anderen Perspektiven und deren explizite Thematisierung bleiben subjektive Theorien meist implizit« (Helmke & Lenske, 2013, S. 227). Eine Lehrperson kann beispielsweise von völlig unrealistischen, unausgesprochenen Annahmen über die Unbeeinflussbarkeit eines Problems ausgehen. Wenn sie sich aber mit anderen austauscht, ihre Vermutungen offen darlegt und ihren Standpunkt mit anderen Perspektiven abgleicht, können solche Fehleinschätzungen korrigiert werden.

Wenn es Lehrpersonen gelingt, die Perspektive der Lernenden einzunehmen und eigene Anteile an Störungen kritisch zu reflektieren, können sie ihren Unterricht weiterentwickeln und die kognitive, emotionale und soziale Entwicklung ihrer Schülerinnen und Schüler besser fördern. Hier wäre es denkbar, mit dem Fragebogen zur Erfassung von Störungen im Unterricht bei Lehrpersonen eine Perspektivenübernahme anzuregen und die Unterrichtsentwicklung zu fördern, wie dies im Projekt »Evidenzbasierte Methoden der Unterrichtsdiagnostik und -entwicklung EMU« (Helmke et al., 2018) bereits umgesetzt wird. Zum anderen scheint es wichtig, Lehrpersonen für auftretende Störungen in ihrem Unterricht zu sensibilisieren. Dies kann z. B. über bestehende diagnostische Systeme wie das Beobachtungssystem zur Analyse aggressiven Verhaltens in schulischen Settings BASYS (Wettstein, 2008) erreicht werden.

> **Evidenzbasierte Methoden der Unterrichtsdiagnostik und -entwicklung: ein handlungsorientiertes Programm EMU« (Helmke et al., 2018)**
> EMU ist ein Programm, welches Lehrpersonen ermöglicht, den Unterricht aus verschiedenen Perspektiven zu erheben. Es richtet sich an alle, die ihren Unterricht weiterentwickeln möchten oder andere darin beraten. Neben der Sicht von Lehrpersonen und Kollegen berücksichtigt dieses Programm auch die Sicht der Schülerinnen und Schüler.

8.5 Zusammenfassung

Lehrpersonen können nur sinnvoll auf Unterrichtsstörungen reagieren, wenn sie überhaupt merken, was in der Klasse und im Unterricht geschieht. Lehrpersonen brauchen diagnostische Kompetenz, die Fähigkeit, Schülerinnen und Schüler sowie Unterrichtssituationen differenziert und möglichst zutreffend zu beurteilen. Dies erreichen Lehrpersonen dadurch, dass sie bei Unterrichtsstörungen nicht wegsehen oder vorschnell urteilen, sondern sich Zeit nehmen, genau hinzuschauen und zu beobachten. Zum einen ist eine differenzierte Wahrnehmung die Grundvoraussetzung für die Förderung der kognitiven und psychosozialen Entwicklung der Schülerinnen und Schüler. Zum anderen können Lehrpersonen nur sinnvoll auf Störungen reagieren, wenn sie überhaupt merken, was im Unterricht abläuft. Dabei sollte die Lehrperson auch immer wieder ihr eigenes Verhalten kritisch überdenken.

Lehrpersonen sind in schwierigen Interaktionssituationen oft stark gefordert und können durch ungünstige Reaktionen zu einer Ausweitung von Störungen beitragen. Es ist deshalb wichtig, dass sie Störungen differenziert wahrnehmen, nicht vorschnell urteilen, sondern sich bemühen, alternative Interpretationen zu entwickeln und Störungen als Hinweise zu verstehen. Wenn es Lehrpersonen gelingt, Störungen als Mitteilungen zu verstehen und produktiv zu nutzen, können sie souveräner mit Unterrichtsstörungen umgehen. Dabei kann es für Lehrpersonen auch hilfreich sein, den Unterricht mit geeigneten Fragebogen aus der Perspektive der Lernenden zu erfassen.

9

Beziehungen im Unterricht

Gute Beziehungen leisten einen wichtigen Beitrag zur Prävention von Unterrichtsstörungen. Lehrpersonen, die eine gute Lehrer-Schüler-Beziehung pflegen und engagiert unterrichten, erreichen nach Fend (2006) bessere Schüler-Schüler-Beziehungen, eine höhere Schulfreude, höhere Gesprächsbereitschaft und eine höhere Akzeptanz von Leistungserwartungen bei den Schülerinnen und Schülern.

In der Schule lernen Kinder und Jugendliche nicht nur Lesen, Schreiben und Rechnen. »Schule ist kein Ort, an dem nur Leistungshaltungen trainiert werden« (Fend, 2008, S. 85), Schule ist auch ein Ort der Begegnung und bildet neben der Familie eine wichtige Sozialisationsinstanz. Die Lernenden entwickeln sich im Austausch mit den Lehrpersonen und den Gleichaltrigen. Schülerinnen und Schüler erleben in ihrer Schulzeit bis zu 15.000 Unterrichtsstunden und werden dabei durch ihre Lehrpersonen und durch die Gleichaltrigen geprägt. Die Lehrperson steht vor einer zweifachen Aufgabe. Einerseits sollte sie sich darum bemühen, eine gute Lehrer-Schüler-Beziehung aufzubauen, andererseits auch Einfluss auf die Schüler-Schüler-Beziehung zu nehmen und darauf zu achten, dass kein Kind in der Klasse ausgestoßen oder geplagt wird.

In einem ersten Teil widmen wir uns der Lehrer-Schüler-Beziehung. Einer Lehrer-Schüler-Beziehung, welche von einem freundlichen Umgangston, wechselseitigem Respekt, Herzlichkeit und Wärme geprägt ist (▶ Kap. 9.1), eine Beziehung, die authentisch ist und in der auch gelacht werden kann (▶ Kap. 9.2), wirkt sich förderlich auf die kognitive, emotionale und soziale Entwicklung der Schülerinnen und Schüler aus. In einem weiteren Teil wenden wir uns den Peerbeziehungen zu und zeigen auf, wie Lehrpersonen diese Beziehungen unter Gleichaltrigen positiv beeinflussen können und somit eine Klassenkultur schaffen, in welcher sich die Schülerinnen und Schüler gegenseitig unterstützen und motivieren (▶ Kap. 9.3). Für die Etablierung tragfähiger Beziehungen sind die ersten Schulwochen entscheidend (▶ Kap. 9.4).

9.1 Lehrer-Schüler-Beziehung

Lehrpersonen prägen ihre Schülerinnen und Schüler. Wir erinnern uns an Lehrpersonen, die wir als Vorbilder erlebten, bei anderen wiederum erfuhren wir vielleicht Demütigung oder Ausgrenzung. Lehrpersonen und ihre Schülerinnen und Schüler verbringen wöchentlich rund 16 Stunden zusammen. In der sozialen Interaktion konstituieren sich über gegenseitige Wahrnehmung (Lortie, 1975) und Reziprozität (Gouldner, 1984; Malinowski, 2001) soziale Beziehungen, welche durch ihre Dauerhaftigkeit und ihre Geschichtlichkeit charakterisiert sind. Die Beziehung zwischen der Lehrperson und den Schülerinnen und Schülern ist zunächst nicht freiwillig. Weder die Lehrperson noch die Schülerinnen und Schüler haben ihre

Interaktionspartnerinnen und -partner ausgesucht. Sie bilden vorerst eine Schicksalsgemeinschaft (Schweer, 2017). Ziel der Lehrperson sollte es deshalb sein, ein Arbeitsbündnis mit ihren Schülerinnen und Schülern herzustellen (Helsper & Mummrich, 2008).

Denken und Lernen sind eng mit Emotionen verknüpft (Ciompi, 2016). Lernen sollte in einer angstfreien Atmosphäre stattfinden, in der man sich anerkannt, wertgeschätzt und respektiert fühlt. Gelingende soziale Beziehungen sind ausschlaggebend für gelingende Lehr-Lern-Prozesse und für eine gesunde emotionale Entwicklung der Schülerinnen und Schüler wie auch der Lehrperson. In einem Unterricht, in welchem soziale Beziehungen grundlegend gestört sind, Schülerinnen und Schüler Lehrpersonen an den Rand der Verzweiflung bringen, Lehrpersonen die Klasse tyrannisch führen oder Schülerinnen und Schüler ausgegrenzt oder gemobbt werden, ist humanes Lehren und Lernen nicht möglich. Ohne Respekt und Wertschätzung, Fürsorge und Vertrauen kann Unterricht nicht gelingen (Hattie, 2013). Eine gute Lehrer-Schüler-Beziehung, welche von Nähe, Sicherheit und Vertrauen geprägt ist, wirkt sich positiv auf die Motivation (Stipek, 2004; Wentzel, 1997; Wentzel & Wigfield, 2009), die schulische Leistung (Baker, 2006; Davidson, Gest & Welsh, 2010; Hughes, 2012; Klem & Connell, 2004) und die soziale Entwicklung der Schülerinnen und Schüler aus (Davis, 2003; Roorda, Koomen, Spilt & Oort, 2011; Obsuth et al., 2017; Wentzel, 2010; Zimmer-Gembeck, Chipuer, Hanisch, Creed & McGregor, 2006).

Die Lehrer-Schüler-Beziehung kann nur dann gelingen, wenn sie auf Gegenseitigkeit beruht. Diese Gegenseitigkeit im sozialen Austausch wird als Reziprozität bezeichnet. Jedes menschliche Verhalten ist in höchstem Maß auf Gegenseitigkeit ausgerichtet: Wie du mir, so ich dir. Wenn Menschen etwas erhalten, sind sie motiviert, dafür eine Gegenleistung zu erbringen. Wenn wir beschenkt werden, fühlen wir uns z. B. aufgefordert, ein Gegengeschenk zu erbringen, um den Gefallen wieder auszugleichen. Dieses Prinzip beschränkt sich nicht nur auf materielle Güter (Mauss, 1968), sondern auch immaterielle Gaben. Man hilft denjenigen, die einem geholfen haben, und man kränkt jene nicht, die einem geholfen haben (Gouldner, 1984). Sich reziprok zu verhalten bedeutet, auf einen Gefallen hin mit einer Handlung zu reagieren, die den Gefallen danach irgendwie ausgleicht. Dadurch wird das Gefühl der Verpflichtung, der anderen Person etwas zurückgeben zu müssen oder ihr etwas schuldig zu sein, reduziert.

Die Lehrer-Schüler-Beziehung fußt auf dem Prinzip der Gegenseitigkeit bzw. Reziprozität. Der Unterricht ist somit ein System reziproker Beziehungen. Erst diese reziproken Beziehungen ermöglichen ein erfolgreiches pädagogisches und didaktisches Handeln. Eine Lehrperson kann nicht einfach vor eine Klasse stehen und einseitig Anerkennung, Respekt und Vertrauen einfordern. Sie muss dies auch jeder einzelnen Schülerin und jedem einzelnen Schüler entgegenbringen. Herzog (2012, Synopse VI-4, Kapitel 5) merkt an:

> »Die Schulklasse erfüllt die Bedingungen des Prinzips der Gegenseitigkeit geradezu idealerweise. Das Zusammensein über längere Zeit mit denselben Menschen garantiert eine gleich bleibende Interaktionsdichte. Der Schatten der Zukunft ist lang genug, um eine Kalkulation der Beziehungssequenzen zu verunmöglichen. Die Geschichtlichkeit der Situation verhindert, dass vergangene Ereignisse vergessen gehen. Die große Öffentlichkeit der Geschehnisse erlaubt die gegenseitige Beobachtung des Verhaltens und die Sanktionierung von Defektionen. In dieses System der Gegenseitigkeit sind Schüler und Lehrer gleichermaßen einbezogen. Es braucht auch nicht von einer Autorität (der Lehrkraft) kontrolliert zu werden. Sein Funktionieren verdankt sich ganz den zeitlichen Verhältnissen des Unterrichts.«

Wir haben also gesehen, dass gelingender Unterricht auf Gegenseitigkeit beruht. Dazu gehört auch, dass sich Lehrpersonen und die Schülerinnen und Schüler gegenseitig vertrauen. Vertrauen bildet das Fundament sozialer Beziehungen (Schweer, 2017; Schweer & Padberg, 2002; Schweer & Thies, 2000). Vertrauen vereinfacht soziale Interaktionen und funktioniert als eine Art Wahrnehmungsfilter (Luhmann, 1989). Oft geben wir auch unbekannten Interaktionspartnern einen Vertrauensvorschuss. Dabei gehen wir ohne gerechtfertigte Gründe davon aus, dass unser Gegenüber unser Vertrauen nicht verletzen wird. Wenn eine Vertrauensbeziehung besteht, müssen die Absichten des Gegenübers nicht so lange analysiert werden, bis man schließlich ob aller Analyse seine Handlungsfähigkeit verliert.

Wie soll nun die Lehrperson ihre Beziehung zu den Schülerinnen und Schülern gestalten? Wie familiär-privat oder wie professionell-distanziert soll sie mit den Lernenden umgehen? Die Soziologie unterscheidet hier diffuse und spezifische Sozialbeziehungen. In der Familie herrschen diffuse Sozialbeziehungen vor. Diese sind sehr privat und hier kann man über fast alle Themen sprechen. In spezifischen Sozialbeziehungen, wie z. B. am Fahrkartenschalter, werden hingegen nur Themen angesprochen, die in dieser Situation passend sind. Während wir also in der Familie über Katzen, Modefragen oder Politik sprechen, beschränken wir uns am Bahnschalter auf den Fahrkartenkauf.

In der Schule herrscht eine Mischform spezifischer und diffuser Sozialbeziehungen vor. Wenn ein Kind eingeschult wird, muss es lernen, dass es in der Klasse noch zwanzig andere Kinder gibt und es seine Bedürfnisse manchmal zurückstellen muss. Die Lehrperson muss auch für andere Kinder da sein und kann sich nicht nur ausschließlich einem Kind widmen. Das Lernprogramm ist nicht ausschließlich auf die individuelle Wissensneugier eines bestimmten Kindes ausgerichtet. Die Lehrperson kann nicht auf einen Kinderwusch hin nur über Dinosaurier sprechen, und alle anderen Fachinhalte außen vor lassen. Das Kind muss lernen, dass es von seinen jungen Katzen besser in der Pause als mitten im Mathematikunterricht erzählt. Mit zunehmendem Alter werden die Sozialbeziehungen zwischen der Lehrperson und den Schülerinnen und Schülern immer spezifischer. Aber sie beinhalten auch in der Sekundarstufe immer noch diffuse Elemente. So wird vielleicht eine Schülerin am Rande des Unterrichts einer Lehrerin ein eindrückliches Ferienerlebnis erzählen. Das ist auch gut so, denn solche Gespräche stärken die soziale Beziehung.

> **Stärke statt Macht (Omer & von Schlippe, 2016)**
> Die Autoren setzen sich kritisch mit dem Autoritätsbegriff auseinander und entwickeln in ihrem Buch ein neues Verständnis von Autorität durch Beziehung und Präsenz.

> **Disziplin in der Schule. Plädoyer für ein antinomisches Verständnis von Disziplin und Klassenführung (Rüedi, 2007)**
> Rüedi arbeitet den Disziplinbegriff in der Schule kritisch auf und zeigt Lehrpersonen, wie sie mit Unterrichtsstörungen produktiv umgehen können.

9.2 Authentizität und Humor

Authentizität und Humor sind hilfreiche Eigenschaften für den Beruf von Lehrpersonen. Lehrpersonen sind nur glaubwürdig, wenn sie authentisch sind. Kernis und Goldman (2006) unterscheiden vier Kriterien, die erfüllt sein müssen, damit man eine Person als authentisch erlebt:

- Ein authentischer Mensch kennt seine Stärken und Schwächen ebenso wie seine Gefühle und Motive für bestimmte Verhaltensweisen. Erst durch diese Selbstreflexion ist er in der Lage, sein Handeln bewusst zu erleben und zu beeinflussen.
- Ein authentischer Mensch ist ehrlich. Dazu gehört auch, der realen Umgebung ins Auge zu blicken und unangenehme Rückmeldungen zu akzeptieren.
- Ein authentischer Mensch handelt konsequent nach seinen Werten. Das gilt für die gesetzten Prioritäten und auch für den Fall, dass er sich dadurch Nachteile einhandelt. Kaum etwas wirkt verlogener und unechter als ein Opportunist.
- Ein authentischer Mensch ist aufrichtig – Authentizität beinhaltet die Bereitschaft, seine negativen Seiten nicht zu verleugnen.

Authentische Lehrpersonen haben durchaus Ecken und Kanten, kennen ihre Schwächen, wirken echt, ungekünstelt und glaubwürdig.

Sie sind auch in der Lage, mit der nötigen Gelassenheit und mit Humor mit schwierigen Unterrichtssituationen umzugehen.

Doch weshalb ist Humor wichtig? Humor erfüllt im Unterricht vor allem zwei Funktionen (Rißland, 2002): Humor ist in belastenden Situationen eine gute Bewältigungsstrategie und fördert eine angstfreie, entspannte Lernatmosphäre.

Humor hilft uns, belastende Situationen zu bewältigen. Denn keine Lehrperson, kein Unterrichtsaufbau ist perfekt. Humor ist die Fähigkeit, auch schwierigen Situationen mit heiterer Gelassenheit zu begegnen. Humor ist eine funktionale Bewältigungsstrategie und kann als Mittel zur kognitiven Distanzierung dienen. Lehrpersonen mit Humor kennen ihre eigenen Grenzen, sie sind auch in der Lage, über ihre unvermeidlichen Unzulänglichkeiten zu lachen und bewahren auch in schwierigen Situationen Gelassenheit (Rißland, 2002). Mit Humor ist hier nicht triviales Witze reißen, kein Sarkasmus, kein Hohn und keine Schadenfreude oder Witze auf Kosten von anderen gemeint. Es geht vielmehr um eine Entkrampfung einer belastenden Situation, gepaart mit Menschenliebe und Güte. Wenn es uns möglich ist, bei einem Missgeschick wohlwollend über uns selber zu lachen – im Sinne einer Erheiterung über sich selber – gewinnen wir Abstand von der Situation. Und dieser Abstand hilft uns, die Situation zu bewältigen und negative Gefühle zu überwinden. Lehrpersonen, welche auch mal über sich selber lachen können, ohne sich dadurch lächerlich zu machen, wirken sympathisch. Das Lachen über sich selbst setzt allerdings voraus, dass man seine eigenen Stärken und Schwächen kennt (Kesselring, 2012).

Humor fördert zudem eine angstfreie, entspannte Lernatmosphäre. Diese wirkt sich förderlich auf das kreative Denken der Schüler aus (Ziv, 1976). Humor kann helfen, die Aufmerksamkeit der Schülerinnen und Schüler zu wecken oder diese zu halten. Dabei kann Humor aber auch schwierige Beziehung zwischen der Lehrperson und Lernenden entlasten. Dabei ist es wichtig sich klar zu machen, dass nicht nur Schülerinnen und Schüler, sondern auch Lehrpersonen für ihre Schülerinnen und Schüler anstrengend sein können.

In eine Klasse kommt ein neuer Schüler. Dieser ist impulsiv, hyperaktiv und unaufmerksam. Der Lehrer setzt den neuen Schüler im Klassenzimmer ganz nach vorne, in der Hoffnung, ihn so diskret steuern zu können, ohne ihn zu stigmatisieren. Schnell kristallisiert sich folgendes Problem heraus: Während der Lehrer etwas erklärt, schaukelt der Junge auf seinem Stuhl hin und her und macht Geräusche mit Gegenständen. Der Lehrer trifft mit ihm eine Vereinbarung: Wenn er mit Gegenständen lärmt, muss er diese aufs Lehrerpult legen und darf sie nach Unterrichtsschluss ohne Strafe wieder abholen. Auf den ersten Blick eine ausgezeichnete Idee. Doch der Junge hat weitaus mehr als nur einen Gegenstand in seinem Pult. Jeden Mittag sammeln sich zahlreiche Gegenstände auf dem Lehrerpult. Nach zwei Wochen, der Lehrer hatte dem Jungen gerade sein Lineal weggenommen, fragt dieser entnervt: »Wozu brauchen Sie das Lineal?« Der Lehrer hat gerade keine Zeit und antwortet ohne viel nachzudenken: »Nicht für mich, für meine Großmutter.« Der Junge nervt sich: »Sie sind so schwierig, wozu braucht ihre Großmutter ein Lineal?« Nun merkt auch der Lehrer, dass er reagieren muss und er erzählt: »Meine Großmutter hat einen großen Garten, in dem sie Salat anpflanzt. Das Lineal werde ich ihr bringen, damit sie in ihrem Garten schnurgerade Wege ziehen kann, an den Salaten vorbei, damit die Schnecken den Salat nicht fressen.« Der Junge antwortet: »Man muss ja Heilpsychologe sein, um so behindert zu sein.« Aber von diesem Tag an fordert er vom Lehrer zu jedem konfiszierten Gegenstand eine Geschichte darüber, wo dieser zum Einsatz kommt. Eines Tages beschlagnahmt der Lehrer ein Gummiband. Der Junge: »Wozu braucht ihre Großmutter ein Gummiband?« »Ist doch klar, um die Schnecken auf den Mond zu schleudern.« Der Junge steht auf, mustert seinen Lehrer eingehend und stellt fest: »Und übrigens, sie sind so alt, sie haben bestimmt keine Großmutter mehr.« Der Lehrer überreicht ihm das drahtlose Telefon und er kann die 80-jährige Großmutter des Lehrers, ursprünglich Italienerin, anrufen. Eingeschüchtert fragt er: »Sind Sie wirklich die Großmutter?« Diese antwortet mit ausgeprägtem italienischen Akzent: »Jaja, glar bin i die Groß-

> mutter.« Der Junge fragt beeindruckt: »Und haben sie wirklich einen Garten?« »Jaja, aber diese Jahr isch gar nid gut. Viel Schneggen in Salat, viel Schneggen in Salat.« Von diesem Tag an wollte der Junge keine Großmuttergeschichten mehr hören, es reichte, wenn der Lehrer kurz zu ihm hinschaute und »meine Großmutter« flüsterte, dann legte der Schüler den Gegenstand in sein Pult.

Im Schulalltag entstehen oft spontan komische Situationen, über die sowohl die Lehrperson als auch die Schülerinnen und Schüler schmunzeln können. Leider werden solche Chancen im pädagogischen Alltag zu wenig genutzt.

Humor verlässt gewohnte Denkmuster, beschreitet oft neue Denkpfade und verbindet unerwartete Gedanken miteinander. Für diese Art des Denkens prägte Guilford (1950) den Begriff des »divergenten Denkens«. Divergentes Denken bedeutet, sich offen, unsystematisch und spielerisch mit einem Problem zu beschäftigen und dabei Denkblockaden und kritische Einwände vorerst noch auszuschalten. Divergentes Denken bricht gewohnte Denkstrukturen auf, die uns im Normalfall am Denken eher hindern, da sie uns »wie auf Schienen« führen. Dies ermöglicht uns, zu neuen Ideen und Herangehensweisen zu gelangen und beispielsweise schwierige Unterrichtssituationen in einem neuen Licht zu sehen.

Hier sei aber noch einmal mit aller Deutlichkeit betont: Der Einsatz von Humor im Unterricht setzt voraus, dass man verletzende und beleidigende Formen wie Spott, Sarkasmus, Zynismus vermeidet. Weiter muss der Humor der Entwicklung der Schülerinnen und Schüler angepasst sein. Was Kinder lustig finden, ist zum großen Teil altersbedingt. Humor, der von den Lernenden nicht verstanden wird, bleibt wirkungslos und ist kontraproduktiv. Schließlich sollte man nicht zwanghaft versuchen, witzig zu wirken, man erreicht damit nur das Gegenteil und wirkt peinlich (Kesselring, 2012). Jede Lehrperson verfügt über ihre ganz eigene Persönlichkeit und muss deshalb auch ihren ganz eigenen Humorstil finden. Dabei hilft es, wenn sich die Lehrperson fragt: Über welche Art Humor verfüge ich? Wo liegen meine Stärken und Schwächen, wenn ich humorvoll sein will?

Welchen Bezug hat der Humor zum Lerninhalt? In welcher Stimmung sind meine Schülerinnen und Schüler?

> **Humor und seine Bedeutung für den Lehrerberuf (Rißland, 2002)**
> Das Buch beschäftigt sich theoretisch und empirisch mit der Frage, welche Bedeutung Humor für die Bewältigung der Anforderungen des Lehreralltags und für die Qualität von Unterricht hat. Die Autorin weist darauf hin, dass humorvolles Erleben und Verhalten nur einen Baustein zur Bewältigung des Alltags von Lehrpersonen darstellt, der sich allerdings positiv auf das Klassen- und Lernklima auswirkt.

9.3 Schüler-Schüler-Beziehungen

Die Schülerinnen und Schüler werden nicht nur durch die Lehrpersonen sozialisiert. Der zweite soziale Entwicklungskontext der Schule bilden die Beziehungen unter den Schülerinnen und Schülern (Fend, 2006; Hartup, 1996; Wettstein et al., 2013). Gleichaltrige sind wichtige Entwicklungspartner. Gewisse Entwicklungsaufgaben können nur mit Peers gelöst werden. Mit Gleichaltrigen lernen die Kinder Konflikte aushandlungsbasiert zu lösen. Mit ihnen handeln sie soziale Identität aus und beraten sich über den Aufbau romantischer Beziehungen.

Dabei sind Gespräche mit Gleichaltrigen für die Schülerinnen und Schüler ein wichtiger Entwicklungsmotor (Raffaeli & Duckett, 1989). Besonders in der frühen Adoleszenz werden in Gesprächen neue Identitätsentwürfe erprobt. Frühadoleszente verbringen 10 % der Wachzeit in Gesprächen mit Gleichaltrigen, und dies teilweise auch während der Unterrichtszeit. Weiter werden aushandlungsbasierte Konfliktstrategien nicht mit Erwachsenen, sondern vielmehr in der Gleichaltrigengruppe gelernt (Laursen, Finkelstein & Betts, 2001; Shantz, 1987). In der Gleichaltrigengruppe lernt man, sich durchzusetzen, Konflikte (konstruktiv) zu lösen, Regeln auszuhandeln, solidarisch zu handeln oder Freundschaften aufzubauen. Die Gleichaltrigengruppe bietet Rückhalt, Stabilität und Verhaltenssicherheit. Die gemeinsam agierende Klasse schützt und unterstützt den Einzelnen. Sie gewährt soziale Anerkennung und bietet Hilfe (z. B. abschreiben lassen).

Coleman zeigte bereits 1961 in seiner Studie »The Adolescent Society«, dass für die Jugendlichen im Kontext der Schule nicht nur die Leistung im Vordergrund stand, sondern die Lernenden andere Ziele verfolgten, wie z. B. bei Mitschülerinnen und Mitschülern beliebt sein oder gut sein im Sport. Dies kann dazu führen, dass im Klassenzimmer zwei Kulturen in Widerstreit geraten. Die Lehrperson möchte schulische Lehr-Lern-Prozesse auslösen und begleiten, während für die Jugendlichen der Aufbau von Gleichaltrigenbeziehungen im Vordergrund steht. Lehrpersonen müssen die Erwartungen und Anforderungen der Gesellschaft in Einklang mit den Erwartungen, Lernmöglichkeiten und Bedürfnissen der heranwachsenden Kinder und Jugendlichen bringen. Schülerinnen und Schüler können darauf begeistert, nüchtern abwägend oder mit Widerstand reagieren (Fend, 2006). Die Schülerinnen und Schüler einer Schulklasse setzen sich mit den an sie gestellten Leistungsanforderungen auseinander. Unzählige Gespräche und Anspielungen drehen sich um die wahrgenommenen Leistungsanforderungen einzelner Lehrpersonen.

In der pädagogischen Literatur werden Beziehungen zwischen Schülerinnen und Schülern häufig als symmetrisch beschrieben. Dies darf aber nicht darüber hinwegtäuschen, dass nicht alle Kinder und Jugendlichen einer Klasse gleich beliebt sind und den gleichen Einfluss auf ihre Mitschülerinnen und Mitschüler haben. In Klassen entwickeln sich oft dramatisch verlaufende Beziehungen der Sympathie und Abneigung (Fend, 2006). Die Beziehung unter den Schülerinnen und Schülern ist dabei nicht egalitär, sondern es bilden sich auch in Gleichaltrigengruppen klare Machtstrukturen, Freundschaften, Rivalitäten und Hilfebeziehungen heraus. Dabei hat nicht jede Schülerin, nicht jeder Schüler gleich viel zu sagen und steht nicht gleich im Mittelpunkt.

Sozialer Status (Van Vugt, 2006) bezeichnet, inwiefern der Jugendliche in der Gruppe eine zentrale Position einnimmt und begehrte Ressourcen kontrollieren kann. Schülerinnen und Schüler mit einem hohen sozialen Status werden am meisten von allen übrigen Gruppenmitgliedern angesehen und stehen oft positiv im Zentrum der Aufmerksamkeit. Sie treten oft als Initiator von Aktivitäten auf und können die Mitschülerinnen und Mitschüler zum Mitmachen motivieren und bewegen sich frei im ganzen Klassenzimmer. Sie initiieren häufig körperliche Kontakte, spielen mit verschiedenen Mitschülerinnen und Mitschülern, greifen bei Streit schlichtend ein, vermitteln und kontrollieren begehrte Ressourcen (Chance & Larsen, 1976; Wettstein, 2008).

Soziale Beliebtheit (Cillessen & Rose, 2005) bezeichnet, wie sehr ein Jugendlicher von seinen Peers gemocht wird. Dies wird in der Forschung meist über die Nennung der beliebtesten (»mag ich am liebsten«, bzw. am wenig beliebtesten Jugendlichen »mag ich am wenigsten«) erfasst. Beliebt sind also Schülerinnen und Schüler, neben denen man gerne sitzt, die man zum Geburtstag einlädt und mit denen man gerne seine Freizeit verbringt.

Haben nun sozial beliebte Schülerinnen und Schüler auch einen hohen sozialen Status? Häufig finden sich in der Forschung mittlere Korrelationen zwischen Beliebtheit und sozialem Status. Doch es gibt auch Jugendliche, die zwar durchaus beliebt sind, aber kaum Einfluss auf eine Gruppe ausüben können. Auf der anderen Seite finden sich Jugendliche, die einen hohen Einfluss auf ihre Peers ausüben, jedoch überhaupt nicht beliebt sind.

Hawley (1999; 2002) setzt sich mit dem Zusammenhang zwischen sozialer Beliebtheit und sozialem Status auseinander und unterscheidet drei Typen von Anführerinnen und Anführern: aggressive Bullies, prosoziale Leader und Machiavellis, die simultan beide Strategien einsetzen (▶ Abb. 2).

- Aggressive Bullies: Kinder und Jugendliche können ihre Mitschülerinnen und Mitschüler über coersive Strategien wie Einschüchterung, aggressives Verhalten oder Erpressung kontrollieren. Diese Schülerinnen und Schüler sind nicht beliebt, sondern gefürchtet.

- Prosoziale Leader: Andere Kinder und Jugendliche wiederum erlangen ihren hohen sozialen Status durch ihr prosoziales Verhalten. Sie werden als Anführerinnen und Anführer akzeptiert, weil sie um das Wohl der Gruppe besorgt sind und ihre Mitschülerinnen und Mitschüler unterstützen.
- Machiavellis: Wirklich erfolgreich in der Kontrolle sozialer Situationen sind gemäß Hawley die Kinder und Jugendlichen, welche auf beide Strategien setzten – mal Zuckerbrot, mal Peitsche. Also Schülerinnen und Schüler, die situationsangepasst zwischen aggressiven und prosozialen Strategien wechseln. Diese Kinder und Jugendlichen nennt Hawley (2002) die Bistrategischen oder auch Machiavellis.

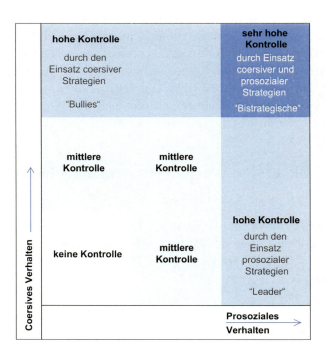

Abb. 2: Verschiedene Arten von Anführerinnen und Anführern (adaptiert nach Hawley, 2002)

Ob die Gleichaltrigengruppe eher von Bullies oder aber von prosozialen Leadern angeführt wird, ist entscheidend dafür, welche Normen sich unter den Gleichaltrigen entwickeln. Denn die sozialen Beziehungsmuster unter den Schülerinnen und Schülern einer Klasse prägen den Möglichkeitsraum sozial akzeptierten Verhaltens. Während bestimmte Formen des Schülerverhaltens in einer Klasse als legitim angesehen werden, werden die gleichen Formen in anderen Klassen sanktioniert. In Klassen können sich Gleichaltrigenkulturen entwickeln, in welchen Mitschüler eher gestützt oder aber ausgegrenzt werden. Mit der Konzentration verhaltensauffälliger Schülerinnen und Schüler können sich in der Klasse Gleichaltrigennormen bilden, welche sich unter Umständen stark von Gleichaltrigennormen und Kulturen an Regelklassen unterscheiden (Wettstein, 2014b). Aggressive Verhaltensweisen, welche an Regelklassen gegen die Gleichaltrigennorm verstoßen und dementsprechend sanktioniert werden, können an Sonderklassen als normal angesehen werden. Die Schülerinnen und Schüler leben somit in einer Jugendsubkultur, welche von Werten und Normen geprägt sind, welche sich grundlegend von Regelklassenkulturen unterscheiden.

9.4 Die ersten Wochen sind entscheidend

Die ersten Schulwochen, in der eine Lehrperson eine Klasse übernimmt, sind entscheidend. Es ist deshalb wichtig, dass die Lehrperson genug Zeit für die Etablierung tragfähiger sozialer Beziehungen einräumt.

Für die Gestaltung gelingender Lehrer-Schüler Beziehungen ist es hilfreich, wenn ...

- die Lehrperson von Beginn weg freundlich, aber bestimmt ihre Erwartungen klar macht. Es ist leichter, bereits zu Beginn klar und

konsequent zu zeigen, was erwartet wird und wo die persönliche Reizschwelle ist als erst im Nachhinein zu reagieren.
- die Lehrperson in der Klasse die Führung übernimmt. Dabei sollte sich die Lehrperson jedoch nicht auf ihre Positionsmacht (*»Ich habe ein Diplom, deshalb bin ich die Chefin«*) berufen, sondern vor allem mit zwei anderen Formen der Macht arbeiten: Wissensmacht (*»Meine Lehrperson kann mich in Mathematik toll unterstützen« »Sie weiß sehr viel über Dinosaurier«*) und Beziehungsmacht (*»Meine Lehrperson mag mich und begegnet mir mit Wertschätzung, Respekt und Anerkennung«*).
- die Lehrperson authentisch ist. Bereits junge Schülerinnen und Schüler merken genau, ob ein Verhalten einer Lehrperson echt oder nur gespielt ist. Lehrpersonen können ruhig auch einmal eigene Wissenslücken offen zugeben. Keine Lehrperson weiß alles. Zur Authentizität gehört auch, die eigenen Stärken und Schwächen zu kennen und auch mal über sich schmunzeln zu können.
- die Lehrperson Beziehung zulässt. Lehrpersonen können ruhig auch einmal etwas Persönliches von sich preisgeben und eine symmetrische Beziehung zulassen, welche von gegenseitiger Anerkennung und Vertrauen geprägt ist. Durch eine symmetrische Beziehung verliert die Lehrperson keineswegs ihre Autorität, sondern sichert diese nachhaltig.

Lehrpersonen können auch die Schüler-Schüler-Beziehungen ihrer Klasse positiv beeinflussen. In neu zusammengesetzten Klassen müssen in den ersten Wochen die Dominanzbeziehungen unter den Schülerinnen und Schülern ausgehandelt werden. Sind diese sozialen Rangordnungen erst einmal geklärt, sind sie anschließend relativ stabil. Wichtig ist, Statusunterschiede zwischen den Schülerinnen und Schülerinnen nicht zu verleugnen (»Bei mir sind alle Schülerinnen und Schüler gleich«), denn wenn man Rangordnungen von vornherein negiert, kann man auch nicht positiv Einfluss auf die Schüler-Schüler-Beziehungen nehmen und schwächere Schülerinnen und Schüler auch nicht schützen. Es lohnt sich deshalb genau hinzuschauen und herauszufinden, wer in der Klasse den Ton angibt und wer sich eher unterordnen muss.

Wer gibt in meiner Klasse den Ton an?

Mit dem Beobachtungssystem zur Analyse aggressiven Verhaltens in schulischen Settings BASYS (Wettstein, 2008) können Lehrpersonen die Rangbeziehungen zwischen den Schülerinnen und Schülern mit wenig Aufwand erheben und grafisch darstellen. Dazu beantworten die Lehrpersonen in einem dem BASYS beiliegenden Computerprogramm zu jedem Kind oder Jugendlichen vier Fragen. Das Programm errechnet dann die Rangposition des Kindes innerhalb der Klasse und stellt diese grafisch dar. So erhalten die Lehrpersonen einen Überblick über die Position der einzelnen Schülerinnen und Schüler und schaffen damit Grundlagen für pädagogische Interventionen.

Die sozialen Beziehungen unter den Schülerinnen und Schülern zu kennen, ist für Lehrpersonen bei Mobbingsituationen besonders wichtig. Mobbing ist eine spezielle Form aggressiven Verhaltens, welches sich wiederholt und systematisch gegen ein bestimmtes Kind richtet und durch ein Ungleichgewicht der Kräfte gekennzeichnet ist (Olweus, 2004). Dabei geht es nicht nur um Täterinnen bzw. Täter und Opfer, sondern jedes Kind in der Klasse nimmt in Mobbingsituationen eine bestimmte Rolle als Opfer, Täter, Assistierende, Verstärkende, Außenseiter oder Verteidiger ein. Deshalb muss in der Mobbingintervention mit der ganzen Klasse gearbeitet und die Rolle jedes einzelnen Kindes verstanden werden. Hierzu können grafische Darstellungen, wie die oben erwähnte, die Lehrperson unterstützen, solche komplexen Situationen besser zu analysieren. Oft handeln Lehrpersonen nicht, weil sie Angst haben, etwas Falsches zu tun. Dabei gibt es eigentlich fast nur eines, was man falsch machen kann: nämlich nichts zu tun.

> **Mutig gegen Mobbing (Alsaker, 2016)**
> Françoise Alsaker (2016) zeigt im Buch »Mutig gegen Mobbing« auf, wie Lehrpersonen präventiv gegen Mobbing vorgehen und intervenieren können.

9.5 Zusammenfassung

Gute Beziehungen beugen Störungen im Unterricht effektiv vor. Es ist deshalb wichtig, dass sich Lehrpersonen die Zeit nehmen, ihre Beziehung zu den Schülerinnen und Schülern wie auch die Beziehungen unter den Schülerinnen und Schülern aktiv zu gestalten.

Eine Lehrer-Schüler-Beziehung, welche von einem freundlichen Umgangston, wechselseitigem Respekt, Herzlichkeit und Wärme, Nähe, Sicherheit und Vertrauen geprägt ist, eine Beziehung die authentisch ist und in der auch mal gelacht werden kann, wirkt sich förderlich auf die Motivation, die Leistung und die soziale Entwicklung der Schülerinnen und Schüler aus. Eine gute Lehrer-Schüler-Beziehung steht dabei nicht in Widerspruch zu Autorität, sondern ermöglicht diese erst.

Lehrpersonen können auch Schüler-Schüler-Beziehungen positiv beeinflussen und eine Klassenkultur schaffen, in welcher sich Schülerinnen und Schüler gegenseitig unterstützen und motivieren. Hier ist es wichtig, dass Lehrpersonen genau hinschauen und erkennen, wer sozial beliebt ist, wer in der Klasse den Ton angibt, wer kaum Freundinnen und Freunde hat oder gar ausgegrenzt wird und schwächere Schülerinnen und Schüler dann gegebenenfalls schützen.

10

Klassenführung

> »Vielleicht ist die Klassenführung wie eine künstlerische Fertigkeit, die einem leicht von der Hand geht, ohne dass man anderen erklären könnte, wie man es macht« (Nolting, 2002, S. 26).

Bei Unterrichtsstörungen wird häufig im Nachhinein darüber nachgedacht, wie man hätte reagieren können oder wie man künftig darauf reagieren möchte. Der Ansatz der Klassenführung legt hingegen den Akzent vor allem darauf, wie Störungen bereits im vornherein verhindert werden können (Brophy, 2006; Emmer & Sabornie, 2015; Römer & Rothland, 2015). Es geht also weniger um ideale Lehrerreaktionen auf Störungen, sondern wie Störungen vorgebeugt werden kann. Oder mit Nolting (2002, S. 41) ausgedrückt: Mit Störungen »[…] muss man nicht fertig werden, man muss sie verhindern«.

10 Klassenführung

Klassenführung kann als die Handlungen bezeichnet werden, die eine Lehrperson unternimmt, um eine Lernumgebung zu schaffen, welche sowohl das kognitive wie auch das sozial-emotionale Lernen der Schülerinnen und Schüler fördert (Evertson & Weinstein, 2006). Doch wie gelingt es Lehrpersonen, die Schülerinnen und Schüler zu motivieren sich möglichst lange und konzentriert auf die Lernaktivitäten einzulassen? Kounin (2006) kam in intensiven Beobachtungsstudien zum Schluss, dass weniger häufig Unterrichtsstörungen auftreten, wenn sich Lehrpersonen an folgenden Prinzipien orientieren (vgl. dazu auch Nolting, 2002; 2017):

- Allgegenwärtigkeit: Die Lehrperson fokussiert nicht nur auf einzelne Schülerinnen und Schülern (Tunnelblick), sondern lässt ihren Blick immer wieder wandern (Radarblick) und überschaut so auch das Klassengeschehen. Sie hat den Überblick.
- Überlappung: Die Lehrperson ist in der Lage, ihre Aufmerksamkeit gleichzeitig zwei Ereignissen zuzuwenden. Z. B. erklärt sie einem Schüler Mathematik und signalisiert mit einem kurzen Blick einer etwas zu lauten Gruppe, leiser zu sprechen.
- Reibungslosigkeit und Schwung: Die Lehrperson organisiert Abläufe und Übergänge so, dass es nicht zu Verzögerungen kommt und der Unterricht flüssig verläuft.
- Überdrussvermeidung: Wie können Lehrpersonen bei den Lernenden Langeweile und Überdruss vermeiden? Die Lehrperson bemüht sich um einen abwechslungsreichen, intellektuell herausfordernden Unterricht, der das Interesse der Schülerinnen und Schüler weckt.
- Aufrechterhaltung des Gruppenfokus: Die Lehrperson schaut, dass sich möglichst viele Schülerinnen und Schüler aktiv am Unterricht beteiligen können und bezieht alle in den Unterricht ein.

Bei diesen Prinzipien der Klassenführung geht es insgesamt darum, den Unterricht so zu gestalten, dass Schülerinnen und Schüler kognitiv aktiviert sind und die Zeit möglichst fürs Lernen genutzt werden kann.

Wir besprechen im Folgenden verschiedene Führungsstile (▶ Kap. 10.1), zeigen auf, weshalb Lehrpersonen bereits früh ihre Erwartungen klar machen (▶ Kap. 10.2) und früh und niederschwellig auf Störungen reagieren sollten (▶ Kap. 10.3). Schließlich diskutieren wir die Rolle von Handlungsunterbrechern und zeigen, wie Lehrpersonen positives Verhalten von Schülerinnen und Schülern fördern können (▶ Kap. 10.4).

10.1 Die Klasse führen

Lehrpersonen können Unterricht und soziale Beziehungen nur dann gestalten, wenn sie in der Klasse die Führungsrolle übernehmen. Doch Führung kann sehr unterschiedlich ausgestaltet werden. Mit Führung ist nicht harte Disziplin, Strenge und Unterordnung gemeint, welche nur die Selbstbestimmung der Schülerinnen und Schüler unterminiert und demotiviert. Mit Führung ist nicht gemeint, dass eine Lehrperson vor ihre Klasse steht, die Kinder einschüchtert und sich dabei auf ihre formale Positionsmacht beruft. Unter Führung verstehen wir Lehrpersonen, die sich bei den Schülerinnen und Schülern über Beziehung und Wissensmacht Anerkennung und Respekt verschaffen und dabei gleichzeitig auch die Schülerinnen und Schüler anerkennen und wertschätzen (Herzog, 2006; Rüedi, 2007).

Lewin, Lippitt und White (1939) untersuchten in ihren bekannten Führungsstilexperimenten den Einfluss eines autoritären, laissez-faire und demokratischen Führungsverständnisses auf das Klassenklima (vgl. auch Lewin, 1953). Dazu führten sie mit mehreren Gruppen von Jungen im Alter zwischen 10 und 11 Jahren Werk- und Bastelarbeiten durch. Die Gruppen wurden in drei unterschiedlichen, zuvor genau festgelegten Führungsstilen geführt:

- Beim autoritären Führungsstil bestimmte der Leiter die Aktivitäten der Kinder, gab Befehle und Kommandos, lobte und tadelte und arbeitete mit Drohungen, Strafen oder Einschüchterungen. In Folge entstanden zwar gute Arbeitsergebnisse. Aber die Kinder waren wenig kreativ und spontan in ihrem Verhalten, dafür eher aggressiv und egoistisch.

* Beim demokratischen Führungsstil gab der Leiter der Gruppe einen Überblick über die Gesamtaufgabe und das Ziel, das erreicht werden sollte. Alle wichtigen Entscheidungen wurden in der Gruppe diskutiert. Der Leiter sprach mit den Kindern über persönliche Probleme und gab bei Schwierigkeiten mehrere Lösungsmöglichkeiten vor, aus denen die Kinder wählen konnten. Demokratisch geführte Gruppen waren kreativ und spontan, die Atmosphäre war entspannt, die Kinder zufrieden. Die Arbeitsergebnisse entsprachen in etwa denen der autoritär geführten Gruppen.
* Beim laissez-faire-Führungsstil verhielt sich der Gruppenleiter freundlich, bot unterschiedliche Materialien an und blieb weitgehend passiv. Er ließ die Kinder machen, die Arbeitsergebnisse bewertete er nicht. Die so geführten Kinder waren unproduktiv, agierten planlos, wenig zielstrebig und waren oft enttäuscht oder gereizt.

Lewin (1953) favorisierte den demokratischen Führungsstil. Da dieser Führungsstil in der Versuchsanordnung als einziger emotionale Nähe zu den Jugendlichen erlaubte und das Verhalten der Lehrperson als relativ stabile Eigenschaft konzipierte, wurden Lewins Ergebnisse damals auch kritisiert. Dennoch waren seine Befunde so bahnbrechend, dass die Erziehungsstilforschung auf die Lehrer-Schüler-Beziehung übertragen wurde.

Die Kritik an Lewins Ansatz führte dazu, dass an Stelle von Typen vermehrt nach unterschiedlichen Dimensionen zur Beschreibung von Erziehungsverhalten gesucht wurde. Damit wurde der Blick weg von relativ stabilen Merkmalen der Lehrerpersönlichkeit hin zu potenziell veränderbarem Verhalten der Lehrperson im Unterricht gelenkt. Tausch und Tausch (1973) erweiterten die Dreier-Typologie Lewins (1953), indem sie die zwei Hauptdimensionen Lenkung und emotionale Zuwendung unterschieden. Sie empfahlen einen niedrigen bis mittleren Grad an Lenkung und eine hohe Wertschätzung der Schülerinnen und Schüler und beschreiben dies als sozial-integratives Typenkonzept.

Auch in neueren Ansätzen finden sich ähnliche Dimensionen wie bei Tausch und Tausch. So unterscheiden beispielsweise Wubbels und Brekelmans (2005) in ihrem Modell interpersonalen Verhaltens (▶ Abb. 3) die Dimensionen Lenkung (vertikale Achse) und Nähe (horizontale Achse) und favorisieren einen Führungsstil, der durch große Nähe und eine mittlere Lenkung charakterisiert ist.

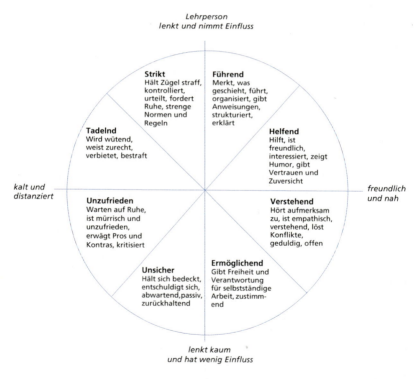

Abb. 3: Modell des interpersonalen Verhaltens von Lehrpersonen (adaptiert nach Wubbels & Brekelmans, 2005, S. 9)

Erfahrene Lehrpersonen passen ihren Führungsstil adaptiv der jeweiligen Situation an. So sind sie vielleicht bei der Begleitung von kooperativen Schülerarbeiten eher ermöglichend und im Frontalunterricht helfend oder führend. Wichtig scheint jedoch, dass sich die Lehrpersonen möglichst oft in der rechten Hälfte des Kreises (▶ Abb. 3) bewegen, welcher durch freundliches und nahes Verhalten gekennzeichnet ist und gleichzeitig das kalte und distanzierte Verhalten, welches die linke Kreishälfte charakterisiert, meiden.

> **Störungen in der Schulklasse (Nolting, 2017)**
> Das Buch von Nolting (2017) zeigt auf, wie sich Unterrichtsstörungen durch Regeln, kognitive Aktivierung, Vermeidung von Wartezeiten sowie durch Präsenz- und Stoppsignale eindämmen lassen.

10.2 Erwartungen klar machen

Schülerinnen und Schüler schätzen Lehrpersonen, die klar machen, was sie erwarten, Strukturen vermitteln und vernünftige Regeln in der Klasse einführen (De Jong, Mainhard et al., 2014; Woolfolk Hoy & Weinstein, 2006). Für die Schülerinnen und Schüler ist es wichtig zu wissen, welche Regeln in der Klasse gelten. Regeln und Rituale sind hilfreich, weil sie soziale Situationen vorstrukturieren. Am besten wird den Schülerinnen und Schülern gleich zu Beginn des Schuljahres klargemacht, welche Regeln in der Klasse gelten. Die Regeln sollten allerdings nicht einfach verordnet, sondern gemeinsam mit den Schülerinnen und Schülern erarbeitet und begründet werden. Dabei gilt es einige Punkte zu beachten.

> **Aufstellen von Regeln (vgl. Nolting, 2017, S. 62 ff.)**
>
> 1. So wenig als möglich,
> 2. so einsichtig wie möglich und
> 3. so positiv wie möglich.

Besser weniger, dafür klare und verbindliche Regeln, die man dann auch umsetzt, als dicke Regelkataloge mit mehr als 20 Regeln, die auch die Lehrperson nicht alle erinnern kann. Den Schülerinnen und Schülern sollte klar sein, weshalb eine bestimmte Regel eingeführt wurde, so dass sie auch dahinter stehen können. Positive Aufforderungen, d. h. Aufforderungen, die sich am erwünschten Verhalten orientieren (z. B. »leise reden« statt »nicht stören«) sind dem Lernklima zuträglicher. Schließlich sollte die Lehrperson auch darauf achten, dass die Regeln tatsächlich eingehalten werden und wo nötig deren Einhaltung einfordern.

Gerade bei Regeln und Ritualen muss man sich zudem immer wieder überlegen, ob diese noch Sinn machen oder gegebenenfalls angepasst werden sollten. Eine Lehrerin der Unterstufe stellt sich vor die Klasse und sagt beschwörend: »Liebe Kinder, ich lasse nun den Gong ertönen. Wenn wir den Gong nicht mehr hören, dann sitzen alle ganz still an ihrem Platz.« Wenn dieses Ritual klappt – wunderbar. Leider gibt es aber auch Klassen, in denen der Gong bis zu zwanzig Mal geschlagen wird, ohne dass es ruhig wird. Spätestens dann ist es hilfreich, sich Gedanken über ein neues Ritual zu machen.

Lehrpersonen entwickeln manchmal ungünstige Reaktionsmuster auf störendes Schülerverhalten. Im Rahmen einer Videostudie rüsteten wir ein Schulzimmer mit fixen Kamera- und Audiosystemen aus. Beim Sichten der Probeaufnahme stellten wir ein Rauschen fest. Wir installierten die ganze Anlage neu, doch die technische Störung blieb bestehen. Schließlich stellte sich heraus, dass die Störung nicht technischer Natur war. In dieser Klasse versuchte der Lehrer die Schülerinnen und Schüler zu steuern, indem er alle paar Sekunden »pst, pst, pst!« sagte. Diese Lehrperson merkte nicht mehr, wie häufig sie dies tat und es ist anzunehmen, dass die Schülerinnen und Schüler sich so sehr daran gewöhnt hatten, dass sie es gar nicht mehr wahrnahmen.

10.3 Früh und niederschwellig intervenieren

Niederschwellige Interventionen und frühzeitiges Eingreifen können Störungen vorbeugen. Die Kunst besteht darin, potenzielle Störungen zu erkennen, bevor sie überhaupt auftreten. Wenn beispielsweise die Lehrperson sieht, dass ein impulsives aggressives Kind plötzlich mit einer angespannten, verkrampften Haltung auf dem Stuhl sitzt, sollte sie nicht warten bis die Situation eskaliert, sondern frühzeitig zum Kind gehen und versuchen, das Problem zu klären. Die Intervention sollte 1. kurz (rasch weiter unterrichten) 2. angemessen und 3. konsequent sein.

Gerade unerfahrene Lehrpersonen warten oft zu lange, bis sie auf störendes Schülerinnen- und Schülerverhalten reagieren. Vielleicht kennen Sie folgende Situation aus Ihrer eigenen Schulzeit: Eine Stellvertretung übernimmt kurzfristig die Klasse. Sie hat den Auftrag, den Unterricht zu gewährleisten. Doch die Schülerinnen und Schüler wollen die neue Lehrperson austesten. Das Austesten beginnt erst einmal vorsichtig. Eine Schülerin legt ihre Füße auf einen freien Stuhl und schaut, ob die Lehrperson handelt. Hier ist es wichtig, möglichst früh und angemessen auf dieses Verhalten zu reagieren (▶ Abb. 4). Unter Umständen stören die Füße auf dem Stuhl die Lehrperson nicht. Indem sie aber trotzdem darauf reagiert, vermittelt sie den Schülerinnen und Schülern: »Hier ist meine Grenze.« Handelt die Lehrperson hingegen nicht, werden die Schülerinnen und Schüler die Grenzen weiter austesten. Irgendwann kann die Lehrperson nicht mehr ruhig, gelassen und humorvoll bleiben. Eine weitaus bessere Strategie ist es deshalb, frühzeitig Grenzen zu setzen.

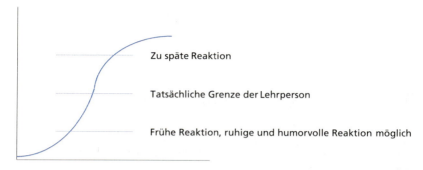

Abb. 4: Niederschwellige Interventionen

10.4 Unerwünschtes Verhalten unterbrechen, erwünschtes Verhalten fördern

Störungen können belastend sein. Es ist deshalb wichtig, dass sowohl Lehrpersonen als auch Schülerinnen und Schüler auf Strategien zurückgreifen können, wenn sie unter Druck stehen. Insbesondere impulsive Reaktionen laufen weitgehend unbewusst und automatisch ab und in der Anspannung können kaum Handlungsalternativen abgewogen werden. Es ist deshalb sowohl für die Lehrperson wie auch die Lernenden wichtig, dass sie sich in solchen Situationen möglichst schnell entspannen können.

Lehrpersonen, die in schwierigen Situationen dazu neigen, Schülerinnen und Schüler auch mal anzuschreien, sollten sich verdeckte Handlungsunterbrecher aneignen und im Krisenfall ein Fenster öffnen oder einen Stapel Bücher von der einen Ecke des Zimmers in die andere tragen. Solche Handlungsunterbrechungen reichen in vielen Fällen bereits aus, um eine erste impulsive und vielleicht pädagogisch nicht optimale Reaktion zu unterdrücken sowie Zeit für die Suche nach alternativen Handlungsmöglichkeiten zu gewinnen.

Dies gilt natürlich ebenso für die Schülerinnen und Schüler. Diese können mit Selbstinstruktionstechniken darin unterstützt werden, ihre impulsiven Reaktionen zu kontrollieren. Wenn also eine Schülerin oder ein Schüler in Konfliktsituationen häufiger unkontrolliert und wütend reagiert, so kann die Lehrperson die Situation mit dem Kind besprechen und dabei die Frage erörtern: Könntest du mit anderen Mitteln auf diese Situation reagieren? Dabei erarbeitet die Lehrperson mit dem Kind Handlungsalternativen. Damit sich das Kind in der nächsten Konfliktsituation an die Handlungsalternative erinnert, kann die Lehrperson mit dem Kind eine Selbstinstruktionskarte gestalten, auf der das erwünschte Zielverhalten dargestellt wird.

Es ist wichtig, positives Verhalten zu loben und zu fördern. Denn Schülerinnen und Schüler, welche durch ihr Verhalten oft den Unterricht stören, werden durch ihr unangepasstes Verhalten häufig ausgegrenzt und stigmatisiert. Es besteht die Gefahr, dass das Kind ausschließlich auf seine Störung reduziert wird und nur noch als »der Aggressive« oder »der Hitzkopf« wahrgenommen wird. Solche negativen Zuschreibungen sind ein Risikofaktor für die weitere Entwicklung dieser Kinder. Kein Mensch ist immer aggressiv, weshalb es wichtig ist, Ausnahmen zu lokalisieren (Molnar & Lindquist, 2013). »Wann tritt das problematische Verhalten nicht auf? Wo liegen die Stärken dieser Schülerin oder dieses Schülers? Was klappt gut?«

10.5 Zusammenfassung

Die Kunst der Klassenführung liegt nicht darin, Probleme zu beheben, sondern diese soweit als möglich gar nicht erst entstehen zu lassen. Lehrpersonen können viel zur Vermeidung von Störungen beitragen, wenn sie ihren Blick im Unterricht nicht nur auf einzelne Schülerinnen und Schüler richten, sondern die ganze Klasse im Auge behalten, wenn sie in der Lage sind, verschiedene Bedürfnisse der

Schülerinnen und Schüler zu erkennen und effizient auf diese zu reagieren, sie Verzögerungen im Unterrichtsfluss vermeiden, angemessen herausfordernd unterrichten und dafür sorgen, dass sich die Lernenden aktiv am Unterricht beteiligen können. Dabei ist es hilfreich, wenn Lehrpersonen der Klasse ihre Erwartungen früh klar machen und früh, zeitsparend und niederschwellig auf unerwünschtes Schülerverhalten reagieren und gleichzeitig auch angemessenes Schülerverhalten anerkennen.

11

Unterricht gestalten

Eine gute Unterrichtsgestaltung kann viel zur Prävention von Störungen beitragen. Störungen werden zu oft einseitig auf Seite der Lernenden verortet und der Integrationsdruck liegt meist bei den Schülerinnen und Schülern. Es wird also häufiger gefragt, wie integrationsfähig ein Kind sei, als dass kritisch hinterfragt wird, wie integrationsfähig der Unterricht ist. In diesem Zusammenhang stellt sich auch die Frage, wie wir über die Entwicklung von störungspräventiven Unterrichtsformen integrationsfähige Schulen schaffen können, die auch Lernenden mit herausforderndem Verhalten gerecht werden (Wettstein, 2011). Hier ist nicht zuletzt auch die Lehrerinnen- und Lehrerbildung gefordert. Sie muss Lehrpersonen darin unterstützen, ihren Unterricht mit didaktischen Mitteln störungspräventiv zu gestalten.

Viele Unterrichtsstörungen ließen sich durch eine angemessene Didaktik vermeiden. Mittlerweilen existieren zahlreiche Postulate und Modelle guten Unterrichts (Hattie, 2013; Helmke, 2009; Klieme, Lipowsky, Rakoczy & Ratzka, 2006; Klieme, Schümer & Knoll, 2001). Im Unterricht lassen sich Störungen teilweise von vornherein abwenden, wenn die Lehrperson ein angemessenes Tempo wählt, Leerläufe vermeidet, Lernziele klar macht, die Schülerinnen und Schüler partizipieren lässt und ihnen Möglichkeiten zur Selbsttätigkeit gibt. Weiter helfen eine angemessene Methodenvielfalt, die Unterstützung und Motivierung einzelner Schülerinnen und Schüler sowie die Vermeidung von Unter- und Überforderung.

In diesem Kapitel greifen wir ausgewählte Merkmale auf, die für einen störungspräventiven Unterricht entscheidend sind. Wir zeigen, was Lernende im Unterricht demotiviert (▶ Kap. 11.1) und diskutieren, weshalb eine gute Vorbereitung, Neugier und Wissen zentrale Faktoren in der Störungsprävention sind (▶ Kap. 11.2). Weiter wird aufgezeigt, weshalb Schülerinnen und Schüler teilweise unterschiedliche Herangehensweisen und Erklärungen brauchen (▶ Kap. 11.3) und wie Lehrpersonen durch Klarheit und die Vermeidung von Leerläufen Störungen im Unterricht vorbeugen können (▶ Kap. 11.4).

11.1 Wenn Unterricht demotiviert

Wenn wir auf unsere eigene Schulzeit zurückblicken, so erinnern wir uns sehr wahrscheinlich an Unterrichtsstunden, unter welchen wir gelitten haben. Prenzel (1997) greift solche Erfahrungen auf und beschreibt in einem nicht ganz ernst gemeinten wissenschaftlichen Aufsatz, sechs Möglichkeiten, Lernende möglichst effizient ihrer Motivation zu berauben:

1. Entziehe den Schülerinnen und Schülern die Verantwortung für ihr Lernen.

2. Mache die Lernziele nicht transparent.
3. Unterfordere die Schülerinnen und Schüler mit repetitiven Aufgaben.
4. Traue ihnen nichts zu und zweifle an ihren Kompetenzen.
5. Binde die Schülerinnen und Schüler nicht ein.
6. Zeig als Lehrperson, dass dich der Stoff eigentlich gar nicht interessiert.

Umgekehrt heißt dies, dass es der Lehrperson gelingen muss, die Schülerinnen und Schüler in den Lernprozess einzubeziehen, ihnen etwas zuzutrauen und ihnen Verantwortung zu übergeben. Studien zur Leistungsmotivation zeigen (Atkinson, 1957), dass zu leichte oder zu schwierige Aufgaben demotivierend wirken. Leichte Aufgaben kann man zwar problemlos lösen, allerdings kann man darauf auch nicht besonders stolz sein. Schwierige Aufgaben sind zwar grundsätzlich attraktiv, aber nur wenn man auch eine Chance sieht, sie wirklich zu lösen. Am besten ist eine individuell wahrgenommene mittlere Aufgabenschwierigkeit, welche die Schülerin oder den Schüler aber trotzdem fordert. Hier muss das Kind sich anstrengen, ist aber ganz schön stolz, wenn es die Aufgabe gelöst hat.

11.2 Vorbereitung, Neugier und Wissen

Die Prävention von Unterrichtsstörungen beginnt bereits bei der Unterrichtsvorbereitung. Lehrpersonen, die …

- sich eingehend mit dem Lerngegenstand auseinandersetzen,
- auf dem Gebiet über eine hohe Sachkompetenz verfügen,
- sich in einer didaktischen Analyse klar machen, welchen zentralen Punkte sie bei den Lernenden vermitteln wollen,
- sich bereits im Vornherein überlegen, welche Differenzierungsangebote es braucht,

werden anders vor die Klasse treten als Lehrpersonen, die eben einmal schnell was kopieren und vermitteln, nur weil es im Lehrplan steht. Schülerinnen und Schüler erleben in ihrer Schulkarriere bis zu 15.000 verschiedene Lektionen. Sie lassen sich nichts vormachen und merken schnell, ob und wie sich eine Lehrperson auf den Unterricht vorbereitet.

Gute Lehrpersonen bringen Neugier, Leidenschaft für ihr Fach bzw. ihren Beruf mit und führen die Schülerinnen und Schüler schnell an herausfordernde Inhalte heran. Ihre Neugierde und Begeisterung für die Lerninhalte wirken motivierend und sie dienen den Lernenden als Modell. Es geht dabei nicht darum, die Schülerinnen und Schüler zu »bespaßen«. Lernen darf durchaus auch mal anstrengend sein. Oft entwickeln Schülerinnen und Schüler erst durch einen äußeren Anstoß Freude an einem Thema (Ryan & Deci, 2000). Um ein zuvor als langweilig empfundenes Thema für die Lernenden in eine spannende Herausforderung zu verwandeln, ist es hilfreich, wenn Lehrpersonen den Schülerinnen und Schülern aufzeigen, weshalb der Lernstoff für sie wichtig ist und an ihre Lebenswelt anknüpft (Deci & Ryan, 2000). Dabei müssen Lehrpersonen auch mal Durststrecken von Schülerinnen und Schülern aushalten können.

Lehrpersonen, die sich selbst mit Neugier intensiv mit Themen auseinandersetzen, eignen sich Wissen an. Eine Lehrperson, die viel über ihr Fachgebiet weiß, ...

- steuert die Klasse nicht über ihre Positionsmacht, sondern über ihre Wissensmacht. Sie wird von den Lernenden akzeptiert, weil sie viel über ihr Sachgebiet weiß, diese Inhalte gut vermittelt und Lernprozesse gezielt unterstützt.
- weiß weitaus mehr, als sie den Lernenden vermittelt. Denn die Schülerinnen und Schüler spüren ganz genau, wie intensiv sich eine Lehrperson mit dem Thema auseinandergesetzt hat.
- dient den Schülerinnen und Schülern als glaubwürdiges Vorbild dafür, dass Lernen aufregend und spannend sein kann. Denn eine Lehrperson kann von den Lernenden nicht erwarten, dass diese wissensbegierig sind, wenn sie es selber nicht ist.

- kann den Lernenden auch mal offen zeigen, dass selbst sie nicht alles weiß. Statt sich um eine Verlegenheitsantwort zu bemühen und dann rasch das Thema zu wechseln, kann sie der Frage gemeinsam mit den Lernenden nachgehen, indem sie mit ihnen recherchiert.

In der Primarstufe unterrichten Lehrpersonen sehr viele unterschiedliche Fächer. Dabei wäre es unrealistisch, von der Lehrperson auf allen Gebieten ein profundes Expertenwissen zu erwarten. Fast alle Lehrpersonen haben in verschiedenen Fächern ihre Stärken und Schwächen. Hier wäre es wünschenswert, wenn sie sich auch mit weniger beliebten Themen auseinandersetzen oder ein Fachgebiet an eine Kollegin oder einen Kollegen abgeben.

11.3 Lernprozesse auslösen und unterschiedliche Lernvoraussetzungen berücksichtigen

Wir haben gesehen, dass es wichtig ist, dass die Lehrperson in ihrem Fachgebiet über ein profundes Wissen verfügt und sich selbst mit Neugier und Leidenschaft mit den Inhalten auseinandersetzt. Doch das beste Expertenwissen bleibt nutzlos, wenn es der Lehrperson nicht gelingt, dieses den Lernenden zu vermitteln. Die Lehrperson muss sich deshalb genau überlegen, wie sie die Schülerinnen und Schüler an die Inhalte heranführt. Wie kann sie den Unterricht gestalten, damit die Schülerinnen und Schüler möglichst viel lernen? Dazu hilft es, wenn sich die Lehrperson bereits im Vorfeld folgende Fragen stellt (Greeno, Collins & Resnick, 1996):

- Was ist überhaupt das konkrete Ziel einer bestimmten Unterrichtseinheit?
- Welche (individuellen) Voraussetzungen bringen die Lernenden bereits mit?

- Kann die komplexe Lernaufgabe in einzelne logische Schritte zerlegt werden?
- Für welche Schülerinnen und Schüler müssen zusätzliche Materialien oder Unterstützung zur Verfügung gestellt werden?

Aufgabe der Lehrperson ist es also, die Lernenden über die Lernziele zu informieren, Vorkenntnisse zu diagnostizieren, Aufmerksamkeit sicherzustellen, den Stoff darstellend zu vermitteln, die Schülerinnen und Schüler zum Nachdenken anzuregen, ihre Lernprozesse zu fördern und regelmäßig Rückmeldungen zu den Lernprozessen zu geben.

Unser Schulsystem ist bis heute weitgehend daraufhin ausgerichtet, Schülerinnen und Schüler in möglichst homogenen Lerngruppen zu beschulen. Es werden altershomogene Klassen gebildet und dabei oft unhinterfragt vorausgesetzt, dass die Schülerinnen und Schüler einen ähnlichen kognitiven und sozialen Entwicklungsstand aufweisen. Lernstandserhebungen aus dem Kanton Zürich (Moser, Stamm & Hollenweger, 2005) zeigen allerdings, dass Kinder bereits zu Beginn der ersten Klasse über sehr unterschiedliche Lernvoraussetzungen verfügen. Einige Schülerinnen und Schüler beherrschen bereits den ganzen Lernstoff des kommenden Schuljahrs und lesen komplizierte Wörter und ganze Sätze. Dagegen kennen andere Kinder derselben Klasse erst wenige oder noch gar keine Buchstaben. Es ist zu vermuten, dass diese Heterogenität vielen Lehrpersonen verborgen bleibt. Denn die Kinder, die den Stoff bereits beherrschen, zeigen ihre Kenntnisse oft nicht, weil sie die Lehrperson nicht enttäuschen und keine sozialen Normen verletzen möchten. Wir müssen uns von der Idee verabschieden, dass wir es mit homogenen Lerngruppen zu tun haben. Auch in altershomogenen Klassen sind die Vorkenntnisse und Leistungsvoraussetzungen der einzelnen Schülerinnen und Schüler sehr unterschiedlich. Wenn die Lehrperson alle gleich behandelt, so sind die einen unterfordert, die anderen überfordert. Dabei können sowohl eine Unterforderung wie auch eine Überforderung zu Störungen führen. Die Lehrperson muss also den Schwierigkeitsgrad und das Tempo an die jeweilige Lernsituation und die Lernvoraussetzungen der Schülerinnen und Schüler anpassen.

Erfolgreiche Lehrpersonen kennen die Stärken und Schwächen der einzelnen Schülerinnen und Schüler genau, gehen sensibel mit den unterschiedlichen Lernvoraussetzungen um und eröffnen unterschiedliche Zugänge zu einem Thema. Sie vermeiden Unter- und Überforderung, wählen das richtige Anspruchsniveau und übernehmen Verantwortung für den Lernfortschritt jeder einzelnen Schülerin, jedes einzelnen Schülers. Der Arbeitsmediziner Müller-Limmroth (1988) griff diese Anforderung der inneren Differenzierung an die Lehrperson in einem Interview auf und spitzte sie wie folgt zu:

> »Der Lehrer hat die Aufgabe, eine Wandergruppe mit Spitzensportlern und Behinderten bei Nebel durch unwegsames Gelände in nordsüdlicher Richtung zu führen, und zwar so, dass alle bei bester Laune und möglichst gleichzeitig an drei verschiedenen Zielorten ankommen.«

Unbestritten, innere Differenzierung ist anspruchsvoll. Doch diese ironisierende Zuspitzung sollte nicht als Aufforderung verstanden werden, innere Differenzierung von vornherein zu vermeiden. Denn es geht nicht darum, für jede einzelne Schülerin und für jeden einzelnen Schüler ein eigenes Lernprogramm zu entwickeln. Oftmals reicht bereits eine Differenzierung zwischen zwei bis drei Lerngruppen. Dabei kann die Lehrperson mit der Klasse auch an Aufgaben arbeiten, die sich auf unterschiedlichen Niveaus lösen lassen. Feuser (1998) entwickelte hierzu das Konzept des Lernens am gemeinsamen Gegenstand. Dabei bereitet die Lehrperson ein Themengebiet so vor, dass die Kinder je nach ihren Fähigkeiten unterschiedlich anspruchsvolle Aufgabenstellungen bearbeiten, jedoch immer gemeinsam am gleichen Thema arbeiten.

> **Didaktik bei Unterrichts- und Verhaltensstörungen (Hillenbrand, 2011)**
> Hillenbrand schlägt eine Brücke zwischen der Allgemeinen Didaktik und Unterrichtsstörungen und zeigt zahlreiche Möglichkeiten auf, wie Störungen im Unterricht durch innere Differenzierung und eine gute Didaktik vorgebeugt werden können.

11.4 Klarheit, Zeitnutzung und Rhythmisierung

Franz Josef Strauß bemerkte einmal, man müsse einfach reden, aber kompliziert denken, nicht umgekehrt. Dies gilt nicht nur für Politiker, sondern auch für Lehrpersonen. Lehrpersonen müssen den Schülerinnen und Schülern klar machen, was sie von ihnen wollen. Unterricht erweist sich als wirkungslos, wenn die Lehrperson zu Beginn nicht klarmacht, worauf es in der nächsten Stunde ankommt oder die Erklärungen kaum verständlich sind. Eine prägnante Sprache, eine klare Diktion, eine angemessene Lautstärke, Artikulation und Modulation sowie eine angemessene Rhetorik, korrekte Grammatik und überschaubare Sätze erleichtern den Schülerinnen und Schülern das Zuhören. Dabei gilt: »Mache die Dinge so einfach wie möglich – aber nicht einfacher« (Albert Einstein).

Es ist hilfreich, wenn Lehrpersonen keine Zeit mit unwichtigen Dingen verlieren und rasch erkennen, wann sie auf eine Störung mit Strenge und wann mit Humor reagieren können. Im Leben von Schülerinnen und Schülern gehen Wochen an Lernzeit allein damit verloren, dass die Zeit unzureichend genutzt wird, indem Lehrpersonen ihr Material suchen, umständlich Arbeitsblätter verteilen oder die Klasse selbst bei kleinsten Störungen mit monologisierenden Moralpredigten zurechtweisen.

Eine gute Rhythmisierung des Unterrichts ist sehr wünschenswert. Allerdings sollten die Übergänge zwischen Arbeitsphasen möglichst flüssig gestaltet werden. Durchschnittlich gehen bei Klassen 12 % der Unterrichtzeit durch Wechselphasen verloren (Wettstein, 2006). Eine Wechselphase bezeichnet den Übergang von einer Unterrichtsform zur anderen und ist oft mit einer Ortsverschiebung der Schülerinnen und Schüler, Materialsuche und Klärung offener Fragen verbunden. In einigen Klassen mit stark gestörtem Unterricht beanspruchen Wechselphasen über 70 % der Unterrichtszeit (Wettstein, Thommen & Eggert, 2010).

Eine Lehrperson erzählte im Rahmen eines pädagogisch-didaktischen Coachings, es dauere am Morgen jeweils sehr lange, bis die Schülerinnen und Schüler ruhig am Platz säßen und sie mit dem Unterricht beginnen könne. Die Videoanalyse des Unterrichts ergab folgendes Bild: Die Lehrperson betrat mit dem Klingeln eilig das Schulzimmer, grüßte im Hineingehen die Klasse, suchte ihr Unterrichtsmaterial und sagte gleichzeitig zu ihren Schülerinnen und Schülern: »Seid ihr bereit? Dieter, muss ich schon wieder auf dich warten? Anna, gehst du bitte an den Platz!«, während sie selber noch das Material für den Unterricht zusammensucht.

Bei der Ansicht der Videoaufnahme erkannte die Lehrperson den Widerspruch zwischen ihrer verbalen Aussage »Ich bin bereit, ich möchte mit dem Unterricht beginnen« und ihrem tatsächlichen Verhalten.

An einer anderen Klasse entwickelten die Jugendlichen ein Spiel: Wer sich nach der Pause zuletzt von der Sofaecke an den Platz bewegte und den Vorgang am längsten hinauszögerte, war der König bzw. die Königin des Tages. Erst die Videoanalyse machte der Lehrperson das Spiel ihrer Schülerinnen und Schüler bewusst.

Am nächsten Morgen betrat die Lehrerin das Schulzimmer, zwei Schritte hinter ihr folgte der Haustechniker mit einem Paket. Die neugierigen Schülerinnen und Schüler versammelten sich rasch um das Pult der Lehrerin, um herauszufinden, was sich denn in diesem Paket befand. Darin steckte der Biologielernstoff der Doppelstunde: verschiedene Tannzapfen und Zweige. Natürlich kann der Unterricht nicht jedes Mal mit einem Paket begonnen werden. Deshalb machte die Lehrerin kurz vor dem Schluss der Stunde den Schülerinnen und Schüler in humorvoller Weise klar, dass sie ihr Spiel durchschaut hatte. Durch diese Intervention konnten die Wechselphasen in dieser Klasse deutlich reduziert werden.

Einige Lehrpersonen reagieren auf kleinste Störungen der Schülerinnen und Schüler mit längeren Monologen. Dies führt dazu, dass diese Intervention letztlich den Unterricht weitaus mehr stört als die ursprüngliche Störung. Dabei sollte die Reaktion der Lehrperson nicht störender sein als die Störung selbst. Erfolgreiche Lehrpersonen beheben Störungen diskret-undramatisch und zeitsparend. Sie reagieren früh, mit sparsamen Mitteln (einem Blick, einer Geste oder einer kurzen Ermahnung) und führen den Unterricht fort.

11.5 Zusammenfassung und Fazit

Wir haben gezeigt, dass Lehrpersonen Störungen durch einen guten Unterricht teilweise vorbeugen können. So beispielsweise durch einen klaren und flüssigen Unterrichtsverlauf und eine gute Rhythmisierung. Weiter ist es hilfreich, wenn Lehrpersonen einerseits ihren Schülerinnen und Schülern etwas zutrauen und sie partizipativ in den Unterricht einbinden. Andererseits spielen auch die Neugierde und das pädagogisch-didaktische wie auch das Fachwissen der Lehrperson eine zentrale Rolle. Die Schülerinnen und Schüler beobachten die Lehrpersonen und wenn sie sehen, dass diese mit Interesse an den Stoff herangehen, wirkt dies auch motivierend. Die Lehrperson übernimmt hier eine Modellfunktion für die Lernenden. Für die Gestaltung von Unterricht ist es zudem wichtig, dass Lehrpersonen die Stärken und Schwächen der einzelnen Schülerinnen und Schüler kennen. Nur so können sie an den unterschiedlichen Lernvoraussetzungen ansetzen und individuelle Lernprozesse begleiten und unterstützen.

Die Idee, mit ausreichendem pädagogisch-didaktischem Wissen und Können ließe sich ein vollkommen störungsfreier Unterricht produzieren, ist allerdings eine Illusion. Im Unterricht steht die Lehrperson unter Handlungsdruck und viele Dinge geschehen gleichzeitig. Bei der Analyse des Unterrichts geht es nicht nur darum zu untersuchen, was alles nicht optimal läuft, sondern auch um das Identifizieren von Unterrichtselementen, die sich bewährt haben, und um den Ausbau derselben. Weiter müssen Lehrpersonen auch lernen, kleine Erfolge zu schätzen.

Unterrichtsstörungen fordern Lehrpersonen oft heraus. Gleichzeitig darf nicht vergessen werden, dass auch Lehrpersonen für Lernende manchmal ganz schön anstrengend sein können. Es ist wichtig, dass sich Lehrpersonen dies bewusst machen und dass sie auch in schwierigen Unterrichtssituationen den Humor nicht verlieren.

Der Umgang mit Unterrichtsstörungen ist keine Aufgabe, welche Lehrpersonen als Einzelkämpferinnen bzw. Einzelkämpfer lösen können. Es ist wichtig, dass Probleme im Kollegium offen und frühzeitig angesprochen werden können und dass sich alle Beteiligten gegenseitig stützen. Der Umgang mit schwierigen Interaktionssituationen ist nicht ausschließlich die individuelle Aufgabe einer Lehrperson, sondern auch Aufgabe von Schulentwicklung.

Literatur

Abele, A. E. & Candova, A. (2007). Prädiktoren des Belastungserlebens im Lehrerberuf. Befunde einer 4-jährigen Längsschnittstudie. *Zeitschrift für pädagogische Psychologie, 21,* 107–118.

Allensbach, I. (2013). *Allensbacher Berufsprestige-Skala 2013. Allensbacher Kurzbericht.* Institut für Demoskopie Allensbach. https://www.ifd-allensbach.de/¬uploads/tx_reportsndocs/PD_2013_05.pdf (Zugriff 14.08.2018)

Alsaker, F. (2016). *Mutig gegen Mobbing in Kindergarten und Schule.* Bern: Huber.

Atkinson, J. W. (1957). Motivational determinants of risk-taking behavior. *Psychological Review, 64*(6), 359–372.

Baker, J. A. (2006). Contributions of teacher-child relationships to positive school adjustment during elementary school. *Journal of School Psychology, 44,* 211–229.

Bandura, A. (1979). *Aggression. Eine sozial-lerntheoretische Analyse.* Stuttgart: Klett-Cotta.

Bandura, A. (1997). *Self-efficacy: The exercise of control.* New York: W. H. Freeman and Company.

Bargh, J. A. & Chartrand, T. L. (1999). The unbearable automaticity of being. *American Psychologist, 54,* 462–479.

Baumert, J., Kunter, M., Brunner, M., Krauss, S., Blum, W. & Neubrand, M. (2004). Mathematikunterricht aus Sicht der PISA-Schülerinnen und -Schüler und ihrer Lehrkräfte. In M. Prenzel, J. Baumert, W. Blum, R. Lehmann, D. Leutner, M. Neubrand et al. (Hrsg.), *PISA 2003: Der Bildungsstand der Jugendlichen in Deutschland* (S. 314–354). Münster: Waxmann.

Beck, E., Baer, M., Guldimann, T., Bischoff, S., Brühwiler, C., Müller, P., Niedermann, R., Rogalla, M. & Vogt, F. (2008). *Adaptive Lehrkompetenz. Analyse von Struktur, Veränderbarkeit und Wirkung handlungssteuernden Lehrerwissens.* Münster: Waxmann.

Beckman, L. (1970). Effects of students' performance on teachers' and observers' attributions of causality. *Journal of Educational Psychology, 61*(1), 76.

Bellingrath, S., Hellhammer, D. H. & Kudielka, B. M. (2007). Dysregulations of the HPA-axis and increased Allostatic Load in job-related chronic stress: A link to burnout and exhaustion in school teachers? *Psychosomatic Medicine, 69,* A109.

Bellingrath, S., Rohleder, N. & Kudielka, B. M. (2010). Healthy working school teachers with high effort-reward-imbalance and overcommitment show increased pro-inflammatory immune activity and a dampened innate immune defence. *Brain, Behavior, and Immunity, 24,* 1332–1339.

Benner, P. (1984). *From novice to expert: Excellence and power in clinical nursing practice.* Menlo Park: Addison-Wesley.

Bennett, B. & Smilanich, P. (1995). *Classroom Management. A Thinking and Caring Approach.* Ontario: Bookation.

Bickhoff, M. (2002). *Psychische und körperliche Belastung bei Lehrkräften* (2. Aufl.). Eichstätt: diritto.

Bieri, T. (2002). *Die berufliche Situation aus der Sicht der Lehrpersonen.* Dissertation. Universität Tübingen.

Biglan, A., Layton, G. L., Jones, L. B., Hankins, M. & Rusby, J. C. (2013). The value of workshops on psychological flexibility for early childhood special education staff. *Topics in Early Childhood Special Education, 32*(4), 196–210.

Björkqvist, K., Lagerspetz, K. M. & Kaukiainen, A. (1992). Do girls manipulate and boys fight? Developmental trends in regard to direct and indirect aggression. *Aggressive Behavior, 18,* 117–127.

Björkqvist, K., Lagerspetz, K. M. & Kaukiainen, A. (1992). Do girls manipulate and boys fight? Developmental trends in regard to direct and indirect aggression. *Aggressive Behavior, 18,* 117–127.

Blase, J. J. (1986). A qualitative analysis of sources of teacher stress: Consequences for performance. *American Educational Research Journal, 23,* 13–40.

Borkenau, P. & Liebler, A. (1992). The cross-modal consistency of personality: Inferring strangers' traits from visual or acoustic information. *Journal of Research in Personality, 26*(2), 183–204.

Boyle, G. J., Borg, M. G., Falzon, J. M. & Baglioni, A. J. (1995). A structural model of the dimensions of teacher stress. *British Journal of Educational Psychology, 65,* 49–67.

Bromme, R. (1992). *Der Lehrer als Experte. Zur Psychologie des professionellen Wissens.* Bern: Huber.

Brophy, J. (1999). Toward a model of the value aspects of motivation in education. *Educational Psychologist, 34*(2), 75–85.

Brophy, J. (2006). History of research on classroom management. In C. M. Evertson & C. S. Weinstein (Eds.), *Handbook of classroom management* (pp. 17–43). London: Lawrence Erlbaum.

Bühler, K. (1982). *Sprachtheorie. Die Darstellungsfunktion der Sprache.* Stuttgart: Gustav Fischer Verlag. [orig.: 1934]

Byrne, B. M. (1999). The nomological network of teacher burnout: A literature review and empirically validated model. In R. Vandenberghe & A. M. Huberman (Eds.), *Understanding and preventing teacher burnout* (pp. 15–37). Oxford, England: Cambridge University Press.

Cacioppo, J. T., Tassinary, L. G. & Berntson, G. G. (2007). *The handbook of psychophysiology* (3. Aufl.). Cambridge: Cambridge University Press.

Card, N. A., Stucky, B. D., Sawalani, G. M. & Little, T. D. (2008). Direct and indirect aggression during childhood and adolescence: A meta-analytic review of gender differences, intercorrelations, and relations to maladjustment. *Child Development, 79*(5), 1185–1229.

Chabris, C. F. & Simons, D. (2011). *Der unsichtbare Gorilla. Wie sich unser Gehirn täuschen lässt.* München: Piper.

Chan, D. W. & Hui, E. K. (1995). Burnout and coping among Chinese secondary school teachers in Hong Kong. *British Journal of Educational Psychology, 65*(1), 15–25.

Chance, M. R. A. & Larsen, R. R. (1976). *The social structure of attention.* London: Wiley.

Choi, Y. S., Gray, H. M. & Ambady, N. (2005). The glimpsed world: Unintended communication and unintended perception. *The new unconscious,* 309–333.

Cillessen, A. H. N. & Rose, A. J. (2005). Understanding popularity in the peer system. *Current Directions in Psychological Science, 14,* 102–105.

Ciompi, L. (2016). *Die emotionalen Grundlagen des Denkens. Entwurf einer fraktalen Affektlogik.* Göttingen: Vandenhoeck + Ruprecht.

Clark, C, M. & Peterson, P. L. (1986). Teacher's thought processes. In M. C. Wittrock (Ed.), *Handbook of research on teaching* (3rd ed., pp. 255–296). New York: Macmillan.

Clark, H. H. & Brennan, S. E. (1991). Grounding in communication. *Perspectives on socially shared cognition, 13,* 127–149.

Clark, H. H., & Schaefer, E. F. (1989). Contributing to discourse. *Cognitive Science, 13*(2), 259–294.

Clausen, M. (2002). *Unterrichtsqualität: Eine Frage der Perspektive? Empirische Analysen zur Übereinstimmung, Konstrukt- und Kriteriumsvalidität.* Münster: Waxmann.

Coleman, J. S. (1961). *The adolescent society.* Oxford, England: Free Press of Glencoe.

Cranach, M. V. (1994). Die Unterscheidung von Handlungstypen. Ein Vorschlag zur Weiterentwicklung der Handlungspsychologie. B. Bergmann, P. Richter (Hrsg.), *Die Handlungstheorie. Von der Praxis einer Theorie*, S. 69–88.

Dann, H. D. & Humpert, W. (1987). Eine empirische Analyse der Handlungswirksamkeit subjektiver Theorien von Lehrern in aggressionshaltigen Unterrichtssituationen. *Zeitschrift für Sozialpsychologie, 18*, 40–49.

Darley, J. M. & Gross, P. H. (1983). A hypothesis-confirming bias in labeling effects. *Journal of Personality and Social Psychology, 44*(1), 20.

Davidson, A. J., Gest, S. D. & Welsh, J. A. (2010). Relatedness with teachers and peers during early adolescence: An integrated variable-oriented and person-oriented approach. *Journal of School Psychology, 48*, 483–510.

Davis, H. A. (2003). Conceptualizing the role and influence of student-teacher relationships on children's social and cognitive development. *Ecucational Psychologist, 38*(4), 207–234.

De Jong, R., Mainhard, T., van Tartwijk, J., Veldman, I., Verloop, N. & Wubbels, T. (2014). How pre-service teachers' personality traits, self-efficacy, and discipline strategies contribute to the teacher-student relationship. *British Journal of Educational Psychology, 84*(2), 294–310.

Deci, E. L. & Ryan, R. M. (2000). The »what« and »why« of goal pursuits: Human needs and the self-determination of behavior. *Psychological Inquiry, 11*, 227–268.

Delgrande Jordan, M., Kuntsche, E. N. & Sidler, J. (2005). Arbeitsüberforderung und -unzufriedenheit von Lehrpersonen in der Schweiz – Zusammenhänge mit Depressivität und somatischen Beschwerden. *Schweizerische Zeitschrift für Bildungswissenschaften, 27*(1), 123–139.

Den Brok, P., Brekelmans, M. & Wubbels, T. (2004). Interpersonal teacher behaviour and student outcomes. *School effectiveness and school improvement, 15*(3-4), 407–442.

Deutsch, R. & Strack, F. (2010). Building blocks of social behavior: Reflective and impulsive processes. In B. Gawronski & B. K. Payne (Eds.), *Handbook of implicit social cognition: Measurement, theory, and applications* (pp. 62–79). New York: Guilford Press.

Deutsch, R., Kordts-Freudinger, R., Gawronski, B. & Strack, F. (2009). Fast and fragile: A new look at the automaticity of negation processing. *Experimental Psychology, 56*(6), 434–446.

Dick, R. & Wagner, U. (2001). Stress and strain in teaching: A structural equation approach. *British Journal of Educational Psychology, 71*(2), 243–259.

Dishion, T. J. & Tipsord, J. M. (2011). Peer contagion in child and adolescent social and emotional development. *Annual Review of Psychology, 62*, 189–214.

Dishion, T. J., Dodge, K. A. & Lansford, J. E. (2008). Deviant by design: Risks associated with aggregating deviant peers into group prevention and treatment programs. *The Prevention Researcher, 15*, 8–11.

Dishion, T. J., McCord, J. & Poulin, F. (1999). When interventions harm: Peer groups and problem behavior. *American Psychologist, 54*, 755–764.

Dodge K. A. & Coie J. D. (1987). Social information processing factors in reactive and proactive aggression in children's peer groups. *Journal of Personality and Social Psychology, 53*, 1146–1158.

Dodge, K. A., Lansford, J. E. & Dishion, T. J. (2006). The problem of deviant peer influences in intervention programs. In K. A. Dodge, T. J. Dishion & J. E. Lansford (Eds.), *Deviant Peer Influences in Programs for Youth* (pp. 3–13). New York: Guilford Press.

Doyle, W. (1986). Classroom Organization and Management. In M. C. Wittrock (Ed.), *Handbook of Research on Teaching* (pp. 392–431). New York: Macmillan.

Dreesmann, H. (1982). *Unterrichtsklima – Wie Schüler den Unterricht wahrnehmen*. Weinheim: Beltz.

Dreyfus, H. L. & Dreyfus, S. E. (1988). *Künstliche Intelligenz: von den Grenzen der Denkmaschine und dem Wert der Intuition*. Reinbek bei Hamburg: Rowohlt. [orig.: 1986 Mind over Machine]

Duckworth, A. L. & Seligman, M. E. (2006). Self-discipline gives girls the edge: Gender in self-discipline, grades, and achievement test scores. *Journal of Educational Psychology, 98*(1), 198.

Dunkake, I., Kiechle, T., Klein, M. & Rosar, U. (2012). Schöne Schüler, schöne Noten? *Zeitschrift für Soziologie, 41*(2), 142–161.

Eccles, J. S. & Midgley, C. (1989). Stage-environment fit: Developmentally appropriate classrooms for young adolescents. In C. Ames & R. Ames (Eds.), *Research on motivation in education. Vol 3: Goals and Cognitions* (pp. 139–186). San Diego, CA: Academic Press.

Eccles, J. S., Miller Buchanan, C., Flanagan, C., Fuligni, A., Midgley, C. & Yee, D. (1991). Control versus autonomy during early adolescence. *Journal of Social Issues, 47*, 53–68.

Emery, D. W. & Vandenberg, B. (2010). Special Education Teacher Burnout and ACT. *International Journal of Special Education, 25*(3), 119–131.

Emmer, E. T. & Sabornie, E. J. (2015). Introduction to the second edition. In E. T. Emmer & E. J. Sabornie (Eds.), *Handbook of classroom management* (2nd ed., pp. 3–12). New York: Routledge.

Emmer, E. T. & Stough, L. M. (2001). Classroom management: A critical part of educational psychology, with implications for teacher education. *Educational Psychologist, 36*(2), 103–112.

Epley, N. & Whitchurch, E. (2008). Mirror, mirror on the wall: Enhancement in self-recognition. *Personality and Social Psychology Bulletin, 34(9),* 1159–1170.

Evers, W. J. G., Tomic, W. & Brouwers, A. A. (2004). Burnout among teachers: Students' and teachers' perceptions compared. *School Psychology International, 25,* 131–148.

Evertson, C. M. & Weinstein, C. S. (2006). Classroom management as a field of inquiry. In C. M. Evertson & C. S. Weinstein (Eds.), *Handbook of classroom management: Research, practice, and contemporary issues* (pp. 3–16). Mahwah, NJ: Lawrence Erlbaum Associates.

Fauth, B., Decristan, J., Rieser, S., Klieme, E. & Büttner, G. (2014). Grundschulunterricht aus Schüler-, Lehrer und Beobachterperspektive: Zusammenhänge und Vorhersage von Lernerfolg. *Zeitschrift für Pädagogische Psychologie, 28* (3), 127–137.

Fend, H. (1998). *Qualität im Bildungswesen. Schulforschung zu Systembedingungen, Schulprofilen und Lehrerleistung.* Weinheim: Juventa.

Fend, H. (2006). *Neue Theorie der Schule: Einführung in das Verstehen von Bildungssystemen.* Wiesbaden: VS Verlag für Sozialwissenschaften.

Fend, H. (2008). *Schule gestalten. Systemsteuerung, Schulentwicklung und Unterrichtsqualität.* Wiesbaden: Verlag für Sozialwissenschaften.

Festinger, L. (1957). *A theory of cognitive dissonance.* Evanston IL: Row, Peterson, 1.

Feuser, G. (1998). Gemeinsames Lernen am gemeinsamen Gegenstand. In A. Hildeschmidt & I. Schnell (Hrsg.), *Integrationspädagogik. Auf dem Weg zu einer Schule für alle* (S. 19–35). Weinheim: Juventa Verlag.

Flammer, A. & Grob, A. (1994) Kontrollmeinungen, ihre Begründungen und autobiographisches Erinnern. *Zeitschrift für experimentelle und angewandte Psychologie, 41*(1), 17–38.

Foerster, H. von & Pörksen, B. (2003). *Wahrheit ist die Erfindung eines Lügners: Gespräche für Skeptiker* (5. Aufl.). Heidelberg: Carl-Auer.

Frey, D. (2016). *Psychologie der Werte. Von Achtsamkeit bis Zivilcourage – Basiswissen aus Psychologie und Philosophie.* Berlin: Springer.

Friedman, I. A. (2006). Classroom Management and Teacher Stress and Burnout. In C. M. Evertson & C. S. Weinstein (Eds.), *Handbook of Classroom Management. Research, Practice, and Contemporary Issues* (pp. 925–944). Mahwah: Lawrence Erlbaum.

Fuller, F. & Bown, O. (1975). Becoming a teacher. In K. Ryan (Ed.), *Teacher Education: 74th yearbook of the national Society for the Study of Education.* Part 2 (pp. 25–52). Chicago IL: University of Chicago Press.

Furman, W. (1984). Some observations on the study of personal relationships. In J. C. Masters & K. Yarkin-Levin (Eds.), *Interfaces between Developmental and Social Psychology* (pp. 15–42). New York: Academic Press.

Gatti, U., Tremblay, R. E. & Vitaro, F. (2009). Iatrogenic effect of juvenile justice. *Journal of Child Psychology and Psychiatry, 50,* 991–998.

Ghaith, G. & Shaaban, K. (1999). The relationship between perceptions of teaching concerns teacher efficacy, and selected teacher characteristics. *Teaching and Teacher Education, 15,* 487–496.

Gigerenzer, G. (2006). Einfache Heuristiken für komplexe Entscheidungen. *Jahrbuch 2005 der Deutschen Akademie der Naturforscher Leopoldina, 51,* 337–343.

Gigerenzer, G. (2007). *Bauchentscheidungen. Die Intelligenz des Unbewussten und die Macht der Intuition.* München: Bertelsmann.

Gigerenzer, G. (2008). Why heuristics work. *Perspecitives on Psychological Science, 3*(1), 20–29.

Goetze, H. (2001). *Grundriss der Verhaltensgestörtenpädagogik.* Berlin: Marhold.

Goffman, E. (1971). *Interaktionsrituale. Über Verhalten in direkter Kommunikation.* Frankfurt am Main: Suhrkamp. [orig.: 1967 Interaction Ritual]

Gouldner, A. W. (1984). *Reziprozität und Autonomie: Ausgewählte Aufsätze.* Frankfurt am Main: Suhrkamp.

Graf, E. O. (1993). *Heimerziehung unter der Lupe. Beiträge zur Wirkungsanalyse.* Luzern: Schweizerische Zentralstelle für Heilpädagogik.

Greeno, J. G., Collins, A. M. & Resnick, L. B. (1996). Cognition and learning. In D. Berliner & R. Calfee (Eds.), *Handbook of Educational Psychology* (pp. 15–46). New York: MacMillian.

Griffith, J., Steptoe, A. & Cropley, M. (1999). An investigation of coping strategies associated with job stress in teachers. *British Journal of Educational Psychology, 69*(4), 517–531.

Grimm, M. A. (1993). *Kognitive Landschaften von Lehrern: Berufszufriedenheit und Ursachenzuschreibungen angenehmer und belastender Unterrichtssituationen.* Frankfurt am Main: Lang.

Große Siestrup, C. (2010). *Unterrichtsstörungen aus der Sicht von Lehrenden und Lernenden. Ursachenzuschreibungen, emotionales Erleben und Konzepte zur Vermeidung.* Frankfurt am Main: Lang.

Guilford, J. P. (1950). Creativity. *American Psychologist, 5,* 444–454.

Hakanen, J. J., Bakker, A. B. & Schaufeli, W. B. (2006). Burnout and work engagement among teachers. *Journal of School Psychology, 43*(6), 495–513.

Haladyna, T. & Hess, R. K. (1994). The detection and correction of bias in student ratings of instruction. *Research in Higher Education, 35*(6), 669–687.

Hallberg, P.-F. (1977). »Störer« und Gestörte im Unterricht. *Westermanns Pädagogische Beiträge, 29*(7), 275–278.

Hannover, B. & Kessels, U. (2011). Sind Jungen die neuen Bildungsverlierer? Empirische Evidenz für Geschlechterdisparitäten zuungunsten von Jungen und Erklärungsansätze. *Zeitschrift für Pädagogische Psychologie, 25*(2), 89–103.

Hargreaves, A. (2000). Mixed emotions: Teachers' perceptions of their interactions with students. *Teaching and Teacher Education, 16*(8), 811–826.

Hartup, W. W. (1996). The company they keep: friendships and their developmental significance. *Child Development, 67*, 1–13.

Hattie, J. (2013). *Lernen sichtbar machen.* Baltmannsweiler: Schneider-Verlag Hohengehren.

Hawley, P. H. (1999). The ontogenesis of social dominance: A strategy-based evolutionary perspective. *Developmental Review, 19*, 97–132.

Hawley, P. H. (2002). Social dominance and prosocial and coercive strategies of resource control in preschoolers. *International Journal of Behavioral Development, 26*, 167–176.

Hedderich, I. (1997). *Burnout bei Sonderschullehrern und Sonderschullehrerinnen. Eine vergleichende empirische Untersuchung, durchgeführt in Schule für Körperbehinderte und in Hauptschulen, auf der Grundlage des Maslach-Burnout-Inventory.* Berlin: Edition: Marhold im Wissenschaftsverlag Volker Spiess.

Helmke, A. & Lenske, G. (2013). Unterrichtsdiagnostik als Voraussetzung für Unterrichtsentwicklung. *Beiträge zur Lehrerbildung, 31*(2) 214–233.

Helmke, A. et al. (2018). *Unterrichtsdiagnostik. EMU (Evidenzbasierte Methoden der Unterrichtsdiagnostik und -entwicklung).* http://www.unterrichtsdiagnos¬ tik.info/ (Zugriff 14.08.2018)

Helmke, A. (2007). *Unterrichtsqualität – erfassen, bewerten, verbessern* (5. Aufl.). Seelze: Klett-Kallmeyer.

Helmke, A. (2009). *Unterrichtsqualität und Lehrerprofessionalität. Diagnose, Evaluation und Verbesserung des Unterrichts.* Seelze-Velber: Kallmeyer.

Helmke, A., Helmke, T., Lenske, G., Pham, G., Praetorius, A.-K., Schrader, F.-W. & Ade-Thurow, M. (2011). Unterrichtsdiagnostik – Voraussetzung für die Verbesserung der Unterrichtsqualität. In A. Bartz, M. Dammann, S. Huber, C. Kloft & M. Schreiner (Hrsg.), *PraxisWissen SchulLeitung, AL 28,* 2011 (Kap. 30.71, S. 1–13). Köln: Wolters Kluwer.

Helsper, W. & Hummrich, M. (2008). Arbeitsbündnis, Schulkultur und Milieu. Reflexionen zu Grundlagen schulischer Bildungsprozesse. In G. Breidenstein & F. Schütze (Hrsg.), *Paradoxien in der Reform der Schule. Ergebnisse qualitativer Sozialforschung* (S. 43–72). Wiesbaden: Springer.

Herzog, W. (2012). *Sozialpsychologie des Unterrichts.* Unveröffentlichtes Vorlesungsskript. Universität Bern.

Herzog, W. (1991). Der »Coping-Man« – ein Menschenbild für die Entwicklungspsychologie. *Schweizerische Zeitschrift für Psychologie, 50*(1), 9–23.

Herzog, W. (2006). *Zeitgemäße Erziehung. Die Konstruktion pädagogischer Wirklichkeit.* Weilerswist: Velbrück Wissenschaft.

Herzog, W. (2007). Erziehung als Produktion. Von der anhaltenden Verführbarkeit des pädagogischen Denkens durch die Politik. In C. Crotti, P. Gonon & W. Herzog (Hrsg.), *Pädagogik und Politik. Historische und aktuelle Perspektiven* (S. 229–259). Bern: Haupt.

Herzog, W., Herzog, S., Brunner, A. & Müller, H. P. (2005). *Einmal Lehrer immer Lehrer? Eine vergleichende Untersuchung der Berufskarrieren von (ehemaligen) Primarlehrpersonen.* Bern: Haupt.

Hillenbrand, C. (2011). *Didaktik bei Unterrichts- und Verhaltensstörungen.* München: Reinhardt.

Hillert, A. (2013). Die Burnout-Epidemie: Selbstausbeutung im Spannungsfeld individueller Bedürfnisse und sozialer Realitäten? oder: Nutzen, Grenzen und Nebenwirkungen starker Bilder. *Psychologische Medizin 24,* 18–23.

Hinde, R. A. (1979). *Towards understanding relationships.* London: Academic Press.

Hofer, M. (1981). Schülergruppierungen in Urteil und Verhalten des Lehrers. Informationsverarbeitung und Entscheidungsverhalten von Lehrern. *Beiträge zu einer Handlungstheorie des Unterrichtens,* 192–221.

Hofer, M. (1986). *Sozialpsychologie erzieherischen Handelns: wie das Denken und Verhalten von Lehrern organisiert ist.* Göttingen: Hogrefe.

Höhn, E. (1980). *Der schlechte Schüler.* München: Piper.

Hollenstein, T. & Lewis, M. D. (2006). A state space analysis of emotion and flexibility in parent-child interactions. *Emotion, 6,* 656–662.

Hüfner, G. (2003). Die Belastungsprofile einzelner Lehrergruppen. *Bayerische Schule, 56*(10), 12–15.

Hughes, J. N. (2012). Teacher-student relationships and school adjustment: Progress and remaining challenges. *Attachment & Human Development, 14* (3), 319–327.

Humpert, W. & Dann, H.-D. (2012). *KTM kompakt. Basistraining zur Störungsreduktion und Gewaltprävention für pädagogische und helfende Berufe auf der Grundlage des »Konstanzer Trainingsmodells«* (2. Aufl.). Bern: Huber.

Innes, J. M. & Kitto, S. (1989). Neuroticism, self-consciousness and coping strategies, and occupational stress in high school teachers. *Personality and Individual Differences, 10*(3), 303–312.

Jackson, P. W. (1968). *Life in classrooms.* New York: Holt, Rinehart and Winston.
Janke, W., Erdmann, G. & Kallus, K. W. (1997). *Stressverarbeitungsfragebogen: (SVF); mit SVF 120.* Hogrefe, Verlag für Psychologie.
Jerusalem, M. (1990). *Persönliche Ressourcen, Vulnerabilität und Streßerleben.* Göttingen: Verlag für Psychologie, Hogrefe.
Jerusalem, M. & Schwarzer, R. (1989). Selbstkonzept und Ängstlichkeit als Einflußgrößen für Streßerleben und Bewältigungstendenzen. *Zeitschrift für Entwicklungspsychologie und pädagogische Psychologie, 21*(4), 307–324.
Jones, E. E. & Harris, V. A. (1967). The attribution of attitudes. *Journal of Experimental Social Psychology, 3*(1), 1–24.
Jones, E. E. & Nisbett, R. E. (1971). The actor and the observer: Divergent perceptions of the causes of behavior. In E. E. Jones, D. Kanouse, H. H. Kelley, R. E. Nisbett, S. Valins & B. Weiner (Eds.), *Attributions: Perceiving the causes of behavior.* New York: General Learning Press.
Juvonen, J. (2000). The social functions of attributional face-saving tactics among early adolescents. *Educational Psychology Review, 12*(1), 15–32.
Kahneman, D. (2012). *Schnelles Denken, langsames Denken.* München: Siedler Verlag.
Kamlah, W. & Lorenzen, P. (1996). *Logische Propädeutik. Vorschule des vernünftigen Redens* (3. Aufl.). Stuttgart: Metzler.
Käsermann, M. L. & Foppa, K. (2002). Sprachproduktion im Gespräch. In Th. Herrmann & J. Grabowski (Hrsg.), *Sprachproduktion* (Enzyklopädie der Psychologie; Bereich C, Serie III, Bd. 1). Göttingen: Hogrefe.
Keller, G. (2010). *Disziplinmanagement in der Schulklasse.* Bern: Huber.
Kelley, H. H. (1949). The effect of expectations upon first impressions of persons. *American Psychologist, 4,* 252.
Kernis, M. H. & Goldman, B. M. (2006). A multicomponent conceptualization of authenticity: Theory and research. *Advances in Experimental Social Psychology, 38,* 283–357.
Kesselring, T. (2012). »Humor«. In T. Kesselring (Hrsg.), *Ethik. Handbuch für Pädagogen. Grundlagen und Praxis* (S. 328-329). Darmstadt: Wissenschaftliche Buchgesellschaft.
Kieserling, A. (1999). *Kommunikation unter Anwesenden. Studien über Interaktionssysteme.* Frankfurt am Main: Suhrkamp.
Kinnunen, U. & Salo, K. (1994). Teacher stress: An eight-year follow-up study on teachers' work, stress, and health. *Anxiety, Stress, and Coping, 7,* 319–337.
Klassen, R. M. & Chiu, M. M. (2010). Effects on teachers' self-efficacy and job satisfaction: Teacher gender, years of experience, and job stress. *Journal of Educational Psychology, 102*(3), 741.

Klassen, R. M., Tze, V. M., Betts, S. M. & Gordon, K. A. (2011). Teacher efficacy research 1998–2009: Signs of progress or unfulfilled promise? *Educational Psychology Review, 23*(1), 21–43.

Klem, A. M. & Connell, J. P. (2004). Relationships matter: linking teacher support to student engagement and achievement. *Journal of School Health, 74*(7), 262–273.

Klieme, E., Lipowsky, F., Rakoczy, K. & Ratzka, N. (2006). Qualitätsdimensionen und Wirksamkeit von Mathematikunterricht. Theoretische Grundlagen und ausgewählte Ergebnisse des Projekts »Pythagoras«. In M. Prenzel & L. Allolio-Näcke (Hrsg.), *Untersuchungen zur Bildungsqualität von Schule. Abschlussbericht des DFG-Schwerpunktprogramms BIQUA* (S. 127–146). Münster.

Klieme, E., Schümer, G. & Knoll, S. (2001). Mathematikunterricht in der Sekundarstufe I: »Aufgabenkultur« und Unterrichtsgestaltung. In *TIMSS-Impulse für Schule und Unterricht* (S. 43–57). Bundesministerium für Bildung und Forschung.

Klusmann, U., Kunter, M., Trautwein, U. & Baumert, J. (2006). Lehrerbelastung und Unterrichtsqualität aus der Perspektive von Lehrenden und Lernenden. *Zeitschrift für Pädagogische Psychologie, 20*, 161–173.

Klusmann, U., Richter, D. & Lüdtke, O. (2016). Teachers' emotional exhaustion is negatively related to students' achievement: Evidence from a large-scale assessment study. *Journal of Educational Psychology, 108*(8), 1193–1203.

Kounin, J. S. (2006). *Techniken der Klassenführung*. Münster: Waxmann Verlag.

Krappmann, L. & Oswald, H. (1995). *Alltag der Schulkinder. Beobachtungen und Analysen von Interaktionen und Sozialbeziehungen*. Weinheim, München: Juventa.

Krappmann, L. & Kleineidam, V. (1999). Interaktionspragmatische Herausforderungen des Subjekts. Beobachtungen der Interaktionen zehnjähriger Kinder. In H.-R. Leu & L. Krappmann (Hrsg.), *Zwischen Autonomie und Verbundenheit – Bedingungen und Formen der Behauptung von Subjektivität* (S. 241–265). Frankfurt am Main: Suhrkamp.

Krause, A. (2004). Erhebung aufgabenbezogener psychischer Belastungen im Unterricht – ein Untersuchungskonzept. *Zeitschrift für Arbeits- und Organisationspsychologie, 48*, 139–147.

Krumm, V. & Weiß, S. (2000). Ungerechte Lehrer. Zu einem Defizit in der Forschung über Gewalt an Schulen. *Psychosozial, 79*, 57–73.

Kunter, M. & Baumert, J. (2006). Who is the expert? Construct and criteria validity of student and teacher ratings of instruction. *Learning Environments Research, 9*, 231–251.

Kunz, P. R. & Woolcott, M. (1976). Season's greetings: From my status to yours. *Social Science Research, 5*(3), 269–278.

Kyriacou, C. & Sutcliffe, J. (1978) A model of teacher stress. *Educational Studies, 4*, 1–6.

Kyriacou, C. (1987). Teacher stress and burnout: An international review. *Educational Research, 29*(2), 146–152.

Kyriacou, C. (2001). Teacher stress: Directions for future research. *Educational Review, 53*, 27–35.

Kyriacou, C. & Sutcliffe, J. (1978). Teacher stress: Prevalence, sources, and symptoms. *British Journal of Educational Psychology, 48*, 159–167.

La Marca, R. (2016). Methoden der Verhaltensmedizin. In U. Ehlert (Hrsg.), *Verhaltensmedizin* (S. 65–98). Berlin: Springer.

Laursen, B., Finkelstein, B. D. & Betts, N. T. (2001). A developmental meta-analysis of peer conflict resolution. *Developmental Review, 21*(4), 423–449.

Lawrenson, G. & McKinnon, A. (1982). A survey of classroom teachers of the emotionally disturbed: Attrition and burnout factors. *Behavioral Disorders, 8*, 41–49.

Lazarus, R. S. & Folkman, S. (1984) *Stress, appraisal and coping*. New York: Springer.

Lehr, D. (2004). Psychosomatisch erkrankte und »gesunde« Lehrkräfte: Auf der Suche nach den entscheidenden Unterschieden. In A. Hillert & E. Schmitz (Hrsg.), *Psychosomatische Erkrankungen bei Lehrerinnen und Lehrern: Ursachen, Folgen, Lösungen* (S. 120–140). Stuttgart: Schattauer.

Lehr, D., Schmitz, E. & Hillert, A. (2008). Bewältigungsmuster und psychische Gesundheit: Eine clusteranalytische Untersuchung zu Bewältigungsmustern im Lehrerberuf. *Zeitschrift für Arbeits-und Organisationspsychologie, 52*(1), 3–16.

Lewin, K. (1953). *Die Lösung sozialer Konflikte*. Bad Nauheim: Christian-Verlag.

Lewin, K. T., Lippitt, R. & White, R. K. (1939). Patterns of aggressive behavior in experimentally created »social climates«. *Journal of Social Psychology, 10*, 271–299.

Lewis, R. (2001). Classroom discipline and student responsibility: The students' view. *Teaching and Teacher Education, 17*(3), 307–319.

Lewis, R., Romi, S., Qui, X. & Katz, Y. J. (2005). Teachers' classroom discipline and student misbehavior in Australia, China and Israel. *Teaching and Teacher Education, 21*(6), 729–741.

Leyens, J.-P. & Dardenne, B. (1996). Soziale Kognition: Ansätze und Grundbegriffe. In W. Stroebe, M. Hewstone & G. M. Stephenson (Hrsg.), *Sozialpsychologie. Eine Einführung* (3. Aufl., S. 115–141). Berlin: Springer.

Lidstone, M. L. & Hollingsworth, S. (1992). A longitudinal study of cognitive change in beginning teachers: Two patterns of learning to teach. *Teacher Education Quarterly*, 39–57.

Liston, D., Whitcomb, J. & Borko, H. (2006). Too little or too much: Teacher preparation and the first years of teaching. *Journal of Teacher Education, 57*, 351–358.

Locke, E. A. & Latham, G. P. (2002). Building a practically useful theory of goal setting and task motivation: A 35-year odyssey. *American Psychologist, 57*(9), 705.

Locke, E. A. & Latham, G. P. (1990). Work motivation and satisfaction: Light at the end of the tunnel. *Psychological Science, 1*(4), 240–246.

Lohmann, G. (2011). *Mit Schülern klarkommen. Professioneller Umgang mit Unterrichtsstörungen und Disziplinkonflikten.* Berlin: Cornelsen Verlag.

Long, B. C. & Gessaroli, M. E. (1989). The relationship between teacher stress and perceived coping effectiveness: Gender and marital differences. *Alberta Journal of Educational Research, 35*, 308–324.

Lortie, D. C. (1975). *Schoolteacher: A Sociological Study.* Chicago: The University of Chicago Press.

Lubbers, M. J. (2003). Group composition and network structure in school classes: a multilevel application of the p* model. *Social Networks, 25*(4), 309–332.

Lüdtke, O., Trautwein, U., Kunter, M. & Baumert, J. (2006). Analyse von Lernumwelten: Ansätze zur Bestimmung der Reliabilität und Übereinstimmung von Schülerwahrnehmungen. *Zeitschrift für Pädagogische Psychologie, 20*, 85–96.

Luhmann, N. (1984). *Soziale Systeme, Grundriss einer allgemeinen Theorie.* Frankfurt am Main: Suhrkamp.

Luhmann, N. (1989). *Vertrauen: ein Mechanismus der Reduktion sozialer Komplexität* (3. Aufl.). Stuttgart: Ferdinand Enke.

Makarova, E., Herzog, W. & Schönbächler, M.-T. (2014). Wahrnehmung und Interpretation von Unterrichtsstörungen aus Schülerperspektive sowie aus Sicht der Lehrpersonen. *Psychologie in Erziehung und Unterricht, 61*, 127–140.

Magnusson, D. & Stattin, H. (1998). *Person-context interaction theories.* Hoboken, NJ: John Wiley & Sons.

Malinowski, B. (2001). *Argonauten des westlichen Pazifik: ein Bericht über Unternehmungen und Abenteuer der Eingeborenen in den Inselwelten von Melanesisch-Neuguinea.* Eschborn: Klotz. [orig.: 1922]

Maslach, C. & Leiter, M. P. (1999). Teacher burnout: A research agenda. In R. Vandenberghe & A. M. Huberman (Eds.), *Understanding and preventing teacher burnout. A source book of international research and practice* (pp. 295–303). Cambridge, UK: Cambridge University Press.

Maslach, C. & Leiter, M. P. (2008). Early predictors of job burnout and engagement. *Journal of Applied Psychology, 93*, 498–512.

Mauss, M. (1968). *Die Gabe, Form und Funktion des Austausches in archaischen Gesellschaften.* Frankfurt am Main: Suhrkamp.

McLaughlin, H. J. (1991). Reconciling care and control: Authority in classroom relationships. *Journal of Teacher Education, 42*(3), 182–195.

Melzer, W. (1998). Gewalt als gesellschaftliches Phänomen und soziales Problem in Schulen – Einführung. In Forschungsgruppe Schulevaluation (Hrsg.), *Gewalt als soziales Problem in Schulen. Untersuchungsergebnisse und Präventionsstrategien* (S. 11–50). Obladen: Leske & Budrich.

Merton, R. K. (1985). Der Matthäus-Effekt in der Wissenschaft. In R. K. Merton (Hrsg.), *Entwicklung und Wandel von Forschungsinteressen.* Frankfurt am Main: Suhrkamp.

Molnar, A. & Lindquist, B. (2013). *Verhaltensprobleme in der Schule: Lösungsstrategien für die Praxis.* Dortmund: Borgmann.

Montuoro, P. & Lewis, R. (2015). Student perceptions of misbehaviour and classroom management. In E. T. Emmer & E. J. Sabornie (Eds.), *Handbook of classroom management* (2nd ed., pp. 344–362). New York: Routledge.

Moser, U., Stamm, M. & Hollenweger, J. (2005). *Für die Schule bereit? Lesen, Wortschatz, Mathematik und soziale Kompetenzen beim Schuleintritt.* Aarau: Sauerländer.

Müller-Limmroth, W. (1988). Interview in der *»Züricher Weltwoche«* vom 02.06.1988.

Müller-Limmroth, W. (1993). Wie Lehrer systematisch krank gemacht werden. *Die höhere Schule, 7/8.*

Mummendey, A., Linneweber, V. & Löschper, G. (1984). Aggression: From act to interaction. In A. Mummendey (Ed.), *Social Psychology of Aggression* (pp. 69–106). Berlin: Springer.

Murray, C., Murray, K. M. & Waas, G. (2008). Child and teacher reports of teacher-student relationships: Concordance of perspectives and associations with school adjustment in urban kindergarten classrooms. *Journal of Applied Developmental Psychology, 29*(1), 49–61.

Myschker, N. & Stein, R. (2018). *Verhaltensstörungen bei Kindern und Jugendlichen. Erscheinungsformen – Ursachen – hilfreiche Maßnahmen* (8. Aufl.). Stuttgart: Kohlhammer.

Nater, U. M., La Marca, R., Florin, L., Moses, A., Langhans, W., Koller, M. M. & Ehlert, U. (2006). Stress-induced changes in human salivary alpha-amylase activity: associations with adrenergic activity. *Psychoneuroendocrinology, 31*, 49–58.

Nater, U. M., Rohleder, N., Gaab, J., Berger, S., Jud, A., Kirschbaum, C. & Ehlert, U. (2003). Alpha-Amylase im Speichel als biologischer Indikator einer psychosozialen Stressreaktion. *Verhaltenstherapie, 13* (Suppl. 1), 42.

Needle, R. H., Griffin, T. & Svendsen, R. (1981). Occupational stress coping and health problems of teachers. *Journal of School Health, 51*(3), 175–181.

Nickel, H. (1976). Die Lehrer-Schüler-Beziehung aus der Sicht neuerer Forschungsergebnisse. Ein transaktionales Modell. *Psychologie in Erziehung und Unterricht, 23*, 153–172.

Nietzsche, F. (1997). *Menschliches, Allzumenschliches. Werke in drei Bänden.* Erster Band. Darmstadt: Wissenschaftliche Buchgesellschaft.

Nolting, H.-P. (2002). *Störungen in der Schulklasse. Ein Leitfaden zur Vorbeugung und Konfliktlösung.* Weinheim: Beltz Taschenbuch.

Nolting, H.-P. (2017). *Störungen in der Schulklasse. Ein Leitfaden zur Vorbeugung und Konfliktlösung.* Weinheim: Beltz Taschenbuch.

Obsuth, I., Murray, A. L., Malti, T., Sulger, P., Ribeaud, D. & Eisner, M. (2017). A non-bipartite propensity score analysis of the effects of teacher–student relationships on adolescent problem and prosocial behavior. *Journal of Youth and Adolescence, 46*(8), 1661–1687.

OECD (2014). *Talis 2013 Results: an international Perspective on Teaching and learning*, oecd Publishing. http://dx.doi.org/10.1787/9789264196261-en (Zugriff 14.08.2018)

OECD (2017). »How do teachers teach? Insights from teachers and students«, *Teaching in Focus, No. 18*, OECD Publishing. doi:10.1787/9a824d83-en.

Olweus, D. (2004). *Gewalt in der Schule. Was Lehrer und Eltern wissen sollten – und tun können* (3., korr. Aufl.). Bern: Huber.

Omer, K. & von Schlippe, A. (2016). *Stärke statt Macht: Neue Autorität in Familie, Schule und Gemeinde.* Göttingen: Vandenhoeck & Ruprecht.

Ortner, A. & Ortner, R. (2000). *Verhaltens- und Lernschwierigkeiten.* Weinheim: Beltz.

Patterson, G. R. (1982). *Coercive Family Process.* Eugene: Castalia Publishing.

Patterson, G. R. & Cobb, J. A. (1971). A dyadic analysis of »aggressive« behaviors. In J. P. Hill (Ed.), *Minnesota Symposia on Child Psychology, Vol. 5* (pp. 72–129). Minneapolis: University of Minnesota Press.

Peirce, C. S. (1960). *Collected papers of Charles Sanders Peirce*. Edited by Charles Hartshorne and Paul Weiss. Cambridge, MA: The Belknap Press of Harvard University Press.

Perrig, W. J. (2000). Intuition and levels of control: the non-rational way of reacting, adapting and creating. In W. J. Perrig & A. Grob (Eds.), *Control of human behavior, mental processes, and consciousness* (pp. 103–124). Mahwah, NJ: Erlbaum.

Perrig, W. J. (2006). Theorie und Praxis in der Lehrerbildung im Kontext impliziter und expliziter Erfahrung. In Y. Nakamura, C. Böckelmann & D. Tröhler (Hrsg.), *Theorie versus Praxis. Perspektiven auf ein Missverständnis* (S. 53–71). Zürich: Verlag Pestalozzianum.

Pfitzner, M. & Schoppek, W. (2000): Gemeinsamkeiten und Diskrepanzen in der Bewertung von Unterrichtsstörungen durch Lehrer und Schüler — eine empirische Untersuchung. *Unterrichtswissenschaft, 28*, 350–378.

Pfitzner, M. (2000). *Kevin tötet mir den letzten Nerv. Vom Umgang mit Unterrichtsstörungen*. Hohengehren: Schneider.

Pianta, R. C. (2006). Classroom Management and Relationships between children and teachers: Implications for research and practice. In C. M. Evertson & C. S. Weinstein (Eds.), *Handbook of classroom management* (pp. 685–709). London: Lawrence Erlbaum.

Pianta, R. C., Hamre, B. & Stuhlman, M. (2003). Relationships between teachers and children. In W. M. Reynolds & G. E. Miller (Eds.), *Handbook of psychology. Vol. 7: Educational psychology* (pp. 199–234). Hoboken, NJ: Wiley & Sons.

Pierce, C. & Molloy, G. N. (1990). Psychological and biographical differences between secondary school teachers experiencing high and low levels of burnout. *British Journal of Educational Psychology, 60*(1), 37–51.

Polanyi, M. (1959). *The study of man*. Chicago: University of Chicago Press.

Prenzel, M. (1997). Sechs Möglichkeiten, Lernende zu demotivieren. In H. Gruber & A. Renkl (Hrsg.), *Wege zum Können. Determinanten des Kompetenzerwerbs* (S. 32–44). Bern: Huber.

Radtke, F. (2006). Die Theorie kommt nach dem Fall. In Y. Nakamura, C. Böckelmann & D. Tröhler (Hrsg.), *Theorie versus Praxis. Perspektiven auf ein Missverständnis* (S. 73–88). Zürich: Verlag Pestalozzianum.

Raffaelli, M. & Duckett, E. (1989).»We Were Just Talking...«: Conversation in early adolescence. *Journal of Youth and Adolescence, 18*, 567–582.

Rattay, C., Schneider, J., Wensing, R. & Wilkes, O. (2013). *Unterrichtsstörungen souverän meistern*. Donauwörth: Auer-Verlag.

Richey, P. (2016). *Lehrer-Schüler-Beziehung. Eine empirische Studie zu normativen Lehrer- und Schülererwartungen aus Lehrer-, Schüler- und Beobachterperspektive.* Baltmannsweiler: SchneiderHohengehren.

Riggs, I. M. & Enochs, L. G. (1990). Toward the development of an elementary teacher's science teaching efficacy belief instrument. *Science Education, 74*(6), 625–637.

Rißland, B. (2002). *Humor und seine Bedeutung für den Lehrerberuf.* Bad Heilbrunn: Klinkhardt.

Römer, J. & Rothland, M. (2015). Klassenführung in der deutschsprachigen Unterrichtsforschung. Ein kritischer Überblick zur Operationalisierung und empirischen Erfassung. *Empirische Pädagogik, 29,* 266–287.

Roorda, D. L., Koomen, H. M. Y., Spilt, J. L. & Oort, F. J. (2011). The influence of affective teacher-student relationships on students' school engagement and achievement: a meta-analytic approach. *Review of Educational Research 81*(4), 493–529.

Rosenthal, R. & Jacobson, L. (1974). *Pygmalion im Unterricht. Lehrererwartung und Intelligenzentwicklung der Schüler.* Weinheim: Beltz. [orig.: 1968 Pygmalion in the classroom]

Ross, J. A. (1992). Teacher efficacy and the effects of coaching on student achievement. *Canadian Journal of Education/Revue canadienne de l'education,* 51–65.

Rothland, M. & Klusmann, U. (2012). Belastung und Beanspruchung im Lehrerberuf. In S. Rahm & Chr. Nerowski (Hrsg.), *Enzyklopädie Erziehungswissenschaft Online (EEO), Fachgebiet Schulpädagogik, Profession: Geschichte, theoretische Grundlagen, empirische Befunde, Diskursfelder.* Weinheim, Basel: Beltz Juventa.

Rothland, M. (2009). Das Dilemma des Lehrerberufs sind ... die Lehrer? Anmerkungen zur persönlichkeitspsychologisch dominierten Lehrerbelastungsforschung. *Zeitschrift für Erziehungswissenschaft, 12*(1), 111–125.

Rothland, M. (Hrsg.) (2013). *Belastung und Beanspruchung im Lehrerberuf* (2. Aufl.). Wiesbaden: Springer VS.

Rudow, B. (1994). *Die Arbeit des Lehrers: Zur Psychologie der Lehrertätigkeit, Lehrerbelastung und Lehrergesundheit.* Bern: Huber.

Rüedi, J. (2007). *Disziplin in der Schule. Plädoyer für ein antinomisches Verständnis von Disziplin und Klassenführung* (3. Aufl.). Bern: Haupt.

Ryan, R. M. & Deci, E. L. (2000). Intrinsic and extrinsic motivations: Classic definitions and new directions. *Comtemporary Educational Psychology, 25*(1), 54–67.

Schaarschmidt, U. & Fischer, A. (2008). *AVEM – Arbeitsbezogenes Verhaltens- und Erlebensmuster* (3. Aufl.). Frankfurt am Main: Pearson.

Schaarschmidt, U. & Kieschke, U. (2013). *Beanspruchungsmuster im Lehrerberuf Ergebnisse und Schlussfolgerungen aus der Potsdamer Lehrerstudie. Belastung und Beanspruchung im Lehrerberuf: Modelle, Befunde, Interventionen* (S. 81–97). Wiesbaden: Springer Fachmedien.

Schaarschmidt, U. (2004). Die Beanspruchungssituation von Lehrern aus differenzial-psychologischer Perspektive. In A. Hillert & E. Schmitz (Hrsg.), *Psychosomatische Erkrankungen bei Lehrerinnen und Lehrern* (S. 97–112). Stuttgart, New York: Schattauer.

Scherzinger, M., Wettstein, A. & Wyler, S. (submitted). *Die Erfassung aggressiver und nicht aggressiver Störungen im Unterricht mittels systematischer Verhaltensbeobachtung.*

Scherzinger, M., Wettstein, A. & Wyler (2017). Unterrichtsstörungen aus der Sicht von Schülerinnen und Schülern und ihren Lehrpersonen. Ergebnisse einer Interviewstudie zum subjektiven Erleben von Störungen. *Vierteljahresschrift für Heilpädagogik und ihre Nachbargebiete, 86,* 70–83.

Scheuch, K. & Knothe, M. (1997). Psychophysische Beanspruchung von Lehrern in der Unterrichtstätigkeit. In S. Buchen, U. Carle, P. Döbrich, H. Hoyer & H.-G. Schönwälder (Hrsg.), *Jahrbuch für Lehrerforschung. Band 1* (S. 285–299). Weinheim, München: Juventa.

Schilbach, L. (2015). Eye to eye, face to face and brain to brain: novel approaches to study the behavioral dynamics and neural mechanisms of social interactions. *Current Opinion in Behavioral Sciences, 3,* 130–135.

Schmid, A. C. (2003). *Stress, Burnout und Coping. Eine empirische Studie an Schulen zur Erziehungshilfe.* Bad Heilbrunn: Julius Klinkhardt Verlag.

Schmitz, E. et al. (2002). Risikofaktoren späterer Dienstunfähigkeit: Zur möglichen prognostischen Bedeutung unrealistischer Ansprüche an den Lehrerberuf. *Zeitschrift für Personalforschung 16*(3), 415–432.

Schönhofen, K. & Schwerdtfeger, A. (2006). Ambulantes Monitoring zur Erfassung der Beanspruchung von Mainzer Grund-und Hauptschullehrkräften. In U. W. Ebner-Priemer (Hrsg.), *Ambulantes psychophysiologisches Monitoring– Neue Perspektiven und Anwendungen* (S. 87–112). Frankfurt am Main: Lang.

Schönwälder, H. G., Berndt, J., Ströver, F. & Tiesler, G. (2003). *Belastung und Beanspruchung von Lehrerinnen und Lehrern.* Bremerhaven: Wirtschaftsverlag NW.

Schwarzer, R. & Hallum, S. (2008). Perceived teacher self-efficacy as a predictor of job stress and burnout: Mediation analyses. *Applied Psychology, 57*(1), 152–171.

Schwarzer, R. & Warner, L. M. (2011). Forschung zur Selbstwirksamkeit bei Lehrerinnen und Lehrern. In E. Terhart, H. Bennewitz & M. Rothland (Hrsg.), *Handbuch der Forschung zum Lehrerberuf* (S. 496–510). Münster: Waxmann.

Schweer, M. K. W. (2017). Vertrauen im Klassenzimmer. In M. K. W. Schweer (Hrsg.), *Lehrer-Schüler-Interaktion. Inhaltsfelder, Forschungsperspektiven und methodische Zugänge* (S. 523–545). Wiesbaden: Springer Fachmedien.

Schweer, M. K. W. & Padberg, J. (2002). *Vertrauen im Schulalltag. Eine pädagogische Herausforderung.* Neuwied: Luchterhand.

Schweer, M. K. W. & Thies, B. (2000). Situationswahrnehmung und interpersonales Verhalten im Klassenzimmer. In M. K. W. Schweer (Hrsg.), *Lehrer-Schüler-Interaktion. Pädagogisch-psychologische Aspekte des Lehrens und Lernens in der Schule* (S. 59–78). Opladen, Germany: Leske & Budrich.

Schwerdtfeger, A., Konermann, L. & Schönhofen, K. (2008). Self-efficacy as a health-protective resource in teachers? A biopsychological approach. *Health Psychology, 27*(3), 358.

Seitz, O. (1991). *Problemsituationen im Unterricht.* Regensburg: Wolf Verlag.

Selg, H., Mees, U. & Berg, D. (1997). *Psychologie der Aggressivität.* Göttingen: Hogrefe.

Seligman, M. (1999). *Erlernte Hilflosigkeit.* München: Urban und Schwarzenberg.

Shantz, C. U. (1987). Conflicts between children. *Child Development, 58*, 283–305.

Shirom, A. (2003). Job-Related Burnout: A Review. In J. C. Quick & L. E. Tetrick (Eds.), *Handbook of Occupational Health Psychology* (pp. 245–26). Washington DC: American Psychological Association.

Shulman, L. S. (1986). Those who understand: Knowledge growth in teaching. *Educational Researcher, 15*(2), 4–14.

Shulman, L. S. (1987). Knowledge and teaching: Foundations of the new reform. *Harvard Educational Review, 57*, 1–22.

Simon, H. A. (1959). Theories of decision-making in economics and behavioral science. *The American economic review, 49*(3), 253–283.

Sosnowsky-Waschek, N. (2013). Burnout – Kritische Diskussion eines vielseitigen Phänomens. In M. Rothland (Hrsg.), *Belastung und Beanspruchung im Lehrerberuf. Modelle, Befunde, Interventionen* (S. 117–135). Wiesbaden: Springer Fachmedien.

Spanhel, D., Tausch, R. & Tönnies, S. (1975). Hauptdimensionen des Lehrerverhaltens und ihr Zusammenhang mit konstruktivem Schülerverhalten in 41 Unterrichtsstunden. *Psychologie in Erziehung und Unterricht, 22*, 343–350.

Speck, O. (1998). *System Heilpädagogik. Eine ökologisch reflexive Grundlegung.* München: Reinhardt.

Steins, G. (2014). *Sozialpsychologie des Schulalltags. Grundlagen und Anwendungen.* Band 1 (2. Aufl.). Lengerich: Pabst Science Publishers.

Stokking, K., Leenders, F., de Jong, J. & van Tartwijk, J. (2003). From student to teacher: Reducing practice shock and early dropout in the teaching profession. *European Journal of Teacher Education, 26,* 329–350.

Storch, H. (1978). *Unterrichtsbeobachtung in der Lehrerausbildung.* Dissertation Universität Kassel.

Stipek, D. (2004). *Engaging schools: Fostering high school students' motivation to learn.* Washington, DC: National Academies Press.

Tausch, A.-M. & Tausch, R. (1973). *Erziehungspsychologie.* Göttingen: Hogrefe.

Tausch, A.-M. (1958). Besondere Erziehungssituationen des praktischen Schulunterrichts. Häufigkeit, Veranlassung und Art ihrer Lösung durch den Lehrer. *Zeitschrift für experimentelle und angewandte Psychologie,* 657–666.

Tausch, R. & Tausch, A.-M. (1965). *Erziehungspsychologie* (2. Aufl.). Göttingen: Hogrefe.

Tenenbaum, H. R. & Ruck, M. D. (2007). Are teachers' expectations different for racial minority than for European American students? A meta-analysis. *Journal of Educational Psychology, 99,* 253–273.

Thommen, B. & Wettstein, A. (2007). Toward a multi-level-analysis of classroom disturbances. *European Journal of School Psychology, 5*(1), 65–82.

Tillmann, K.-J. (1989). *Sozialisationstheorien. Eine Einführung in den Zusammenhang von Gesellschaft, Institution und Subjektwerdung.* Reinbek bei Hamburg: Rowohlt.

Tomaszewski, T. (1978). *Tätigkeit und Bewußstsein: Beiträge zur Einführung in die polnische Tätigkeitspsychologie.* Weinheim: Beltz.

Trivers, R. (2011). *Deceit and self-deception: Fooling yourself the better to fool others.* London: Penguin.

Tschannen-Moran, M. & Hoy, A. W. (2001). Teacher efficacy: Capturing an elusive construct. *Teaching and Teacher Education, 17*(7), 783–805.

Tsouloupas, C. N., Carson, R. L., Matthews, R., Grawitch, M. J. & Barber, L. K. (2010). Exploring the association between teachers' perceived student misbehaviour and emotional exhaustion: The importance of teacher efficacy beliefs and emotion regulation. *Educational Psychology, 30*(2), 173–189.

Tversky, A. & Kahneman, D. (1974). Judgment under uncertainty. *Science, 185,* 1124–1131.

Ulich, K. (2001). *Einführung in die Sozialpsychologie der Schule.* Weinheim: Beltz.

Ummel, H., Wettstein, A. & Thommen, B. (2009). Der verhinderte Unterricht. Verhaltensbeobachtende und sequenzanalytische Sondierungen zu Formen und Ursachen gestörter Lehr-Lernprozesse. *Empirische Sonderpädagogik, 1*, 80–95.

Van Vugt, M. (2006). Evolutionary origins of leadership and followership. *Personality and Social Psychology Review, 10*(4), 354–371.

Veenman, S. (1984) Perceived Problems of Beginning Teachers. *Review of Educational Research, 54*(2), 143–178.

Vitaro, F., Brendgen, M. & Tremblay, R. E. (1999). Prevention of school dropout through the reduction of disruptive behaviors and school failure in elementary school. *Journal of School Psychology, 37*, 205–226.

Wagner, W. (2008). *Methodenprobleme bei der Analyse der Unterrichtswahrnehmung aus Schülersicht – am Beispiel der Studie DESI (Deutsch Englisch Schülerleistungen International) der Kultusministerkonferenz. Dissertation.* Universität Koblenz-Landau.

Wahl, D. (1991). *Handeln unter Druck.* Weinheim: Beltz.

Watzlawick, P., Beavin, H. & Jackson, D. D. (1969). *Menschliche Kommunikation: Formen, Störungen, Paradoxien.* Bern: Huber.

Weinstein, C. S. (1998). »I want to be nice, but i have to be mean«: Exploring prospective teachers' conceptions of caring and order. *Teaching and Teacher Education, 14*(2), 153–163.

Weinstein, R. S. (2002). *Reaching higher.* Harvard University Press.

Wentzel, K. R. & Wigfield, A. (2009). *Handbook of motivation at school.* New York: Routledge.

Wentzel, K. R. (1997). Student motivation in middle school: The role of perceived pedagogical caring. *Journal of Educational Psychology, 89*(3), 411–419.

Wentzel, K. R. (2009). Students' relationships with teachers as motivational contexts. In K. R. Wentzel & A. Wigfield (Eds.), *Handbook of motivation at school* (pp. 301–322). New York: Routledge.

Wentzel, K. R. (2010). Students' relationships with teachers. In J. L. Meece & J. S. Eccles (Eds.), *Handbook of research on schools, schooling, and human development* (pp. 75–91). New York: Routledge.

Wettstein, A. (2006). *Aggressionsdiagnostik in schulischen Settings. Die Entwicklung eines Beobachtungssystems zur Identifikation individueller problematischer Person-Umwelt-Bezüge.* Dissertation, Institut für Psychologie der Universität Bern, Schweiz.

Wettstein, A. (2008). *Beobachtungssystem zur Analyse aggressiven Verhaltens in schulischen Settings (BASYS).* Bern: Huber.

Wettstein, A. (2010). Lehrpersonen in schwierigen Unterrichtssituationen unterstützen. Ein pädagogisch-didaktisches Coaching zur Prävention von

Unterrichtsstörungen. *Vierteljahresschrift für Heilpädagogik und ihre Nachbargebiete (VHN)*, 2, 145–157.
Wettstein, A. (2011). Aggression in der frühen Adoleszenz. Die Entwicklung dysfunktionaler Interaktionsmuster mit Erwachsenen und Peers in Familie, Schule, Freizeit und Heimerziehung. *Behindertenpädagogik*, 50, 49–62.
Wettstein, A. (2012). A conceptual frame model for the analysis of aggression in social interactions. *Journal of Social, Evolutionary, and Cultural Psychology JSEC*, 6(2), 141–157.
Wettstein, A. (2013a). Die Wahrnehmung sozialer Prozesse im Unterricht. *Schweizerische Zeitschrift für Heilpädagogik*, 7/8, 5–13.
Wettstein, A. (2013b). Wissenschaft und pädagogische Intuition. *Behindertenpädagogik*, 52(4), 403–415.
Wettstein, A. (2014a). Burnout bei Lehrpersonen – das Schicksal der Hochengagierten? *Schweizerische Zeitschrift für Heilpädagogik*, 7/8, 12–17.
Wettstein, A. (2014b). Negative Peerbeeinflussung. Selektion und Sozialisation unter aggressiven Frühadoleszenten. *Psychologie in Erziehung und Unterricht*, 61(4), 241–251.
Wettstein, A., Brendgen, M., Vitaro, F., Guimond, F.-A., Forget-Dubois, N., Cantin, S., Dionne, G. & Boivin, M. (2013). The additive and interactive roles of aggression, prosocial behavior, and social preference in predicting resource control in young children. *Journal of Aggression, Conflict and Peace Research*, 5(3), 179–196.
Wettstein, A., Bryjová, J., Faßnacht, G. & Jakob, M. (2011). Aggression in Umwelten frühadoleszenter Jungen und Mädchen. Vier Einzelfallstudien mit Kamerabrillen. *Psychologie in Erziehung und Unterricht*, 58, 293–305.
Wettstein, A., Kühne, F. & La Marca, R. (in Vorbereitung) *Stress im Berufsalltag von Lehrpersonen. Welche Formen aggressiver und nicht aggressiver Unterrichtsstörungen lösen bei Lehrpersonen identifizierbare psychologische, kardiovaskuläre und endokrine Stressreaktionen aus?*
Wettstein, A., Ramseier, E. & Scherzinger, M. (2018). Eine Mehrebenenanalyse zur Schülerwahrnehmung von Störungen im Unterricht der Klassen- und einer Fachlehrperson. *Psychologie in Erziehung und Unterricht*, 65(1), 1–16.
Wettstein, A., Ramseier, E., Scherzinger, M. & Gasser, L. (2016). Unterrichtsstörungen aus Lehrer- und Schülersicht. Aggressive und nicht aggressive Störungen im Unterricht aus der Sicht der Klassen-, einer Fachlehrperson und der Schülerinnen und Schüler. *Zeitschrift für Entwicklungspsychologie und Pädagogische Psychologie*, 48(4), 171–183.

Wettstein, A., Scherzinger, M. & Ramseier, E. (2018). Unterrichtsstörungen, Beziehung und Klassenführung aus Lehrer-, Schüler- und Beobachterperspektive. *Psychologie in Erziehung und Unterricht, 65*(1), 58–74.

Wettstein, A., Scherzinger, M., Meier, J. & Altorfer, A. (2013). *Leben im Erziehungsheim – Eine Kamerabrillenstudie. Aggression und Konflikt in Umwelten frühadoleszenter Jungen und Mädchen.* Weinheim: Beltz Juventa.

Wettstein, A., Thommen, B. & Eggert, A. (2010). Die Bedeutung didaktischer Aspekte in der Aggressionsprävention – drei Videostudien. *Psychologie in Erziehung und Unterricht, 57*, 88–106.

Wicki, W. & Kappeler, S. (2007). *Beobachtete Unterrichtsstörungen bei erfahrenen Lehrpersonen im Spiegel subjektiver Ursachenzuschreibungen.* Manuskript. Pädagogische Hochschule Zentralschweiz, Luzern.

Willis, J. & Todorov, A. (2006). First impressions: Making up your mind after a 100-ms exposure to a face. *Psychological Science, 17*(7), 592–598.

Winkel, R. (1976). *Der gestörte Unterricht. Diagnostische und therapeutische Möglichkeiten* (1. Auflage). Bochum: Ferdinand Kamp Verlag.

Winkel, R. (2005). *Der gestörte Unterricht. Diagnostische und therapeutische Möglichkeiten* (7. Auflage). Baltmannsweiler: Schneider-Verlag Hohengehren.

Woolfolk Hoy, A. & Weinstein, C. S. (2006). Student and teacher perspectives on classroom management. In C. M. Evertson & C. S. Weinstein (Eds.), *Handbook of classroom management: Research, practice, and contemporary issues* (pp. 181–220). Mahwah, NJ: Lawrence Erlbaum Associates.

Wubbels, T. & Brekelmans, M. (2005). Two decades of research on teacher–student relationships in class. *International Journal of Educational Research, 43*(1–2), 6–24.

Wubbels, T., Brekelmans, M., den Brok, P., Wijsman, L., Mainhard, T. & van Tartwijk, J. W. F. (2015). Teacher-student relationships and classroom management. In E. T. Emmer & E. J. Sabornie (Eds.), *Handbook of classroom management* (2nd ed., pp. 363–386). New York: Routledge.

Wubbels, T., Brekelmans, M. & Hooymayers, H. P. (1992). Do teacher ideals distort the selfreports of their interpersonal behavior? *Teaching and Teacher Education, 8*(1), 47–58.

Youniss, J. (1980). *Parents and peers in social development: A Sullivan-Piaget perspective.* Chicago: University of Chicago Press.

Zee, M. & Koomen, H. M. (2016). Teacher self-efficacy and its effects on classroom processes, student academic adjustment, and teacher well-being: A synthesis of 40 years of research. *Review of Educational Research, 86*(4), 981–1015.

Zimmer-Gembeck, M. J., Chipuer, H. M., Hanisch, M., Creed, P. A. & McGregor, L. (2006). Relationships at school and Stage-Environment Fit as resources for adolescent engagement and achievement. *Journal of Adolescence, 29*(6), 911–933.

Zimmermann, F. & Klusmann, U. (2016). Burnout und Stress beim Übergang in den Lehrerberuf. *Psychologie in Erziehung und Unterricht, 63*(4), 241–243.

Ziv, A. (1976). Facilitation effect of humor on creativity. *Journal of Educational Psychology, 68*, 318–322.